目　　次

■ 第Ⅰ部　ICT を活用した学びのネクストステージに向けて　5

 第1章　小中学校における ICT 活用と姫路市の教育　5

　1．本書のねらい／2．本書の特徴／3．ICT 活用の効果とは――本書での位置付け――
　4．姫路市の教育と ICT 推進施策

 第2章　児童生徒の学びと資質・能力につながる
　　　　　学習指導における ICT 活用の特徴
　　　　　　――姫路市における ICT 活用の実態調査の結果から――　11

第3章　姫路市立豊富小中学校の概要と学校運営　14

　1．蔭山（かげやま）の地に新たな学校として開校／2．学び・くらしの中に ICT
　3．「ICT 活用の日常化」のための学び合う教職員集団～前例にとらわれない自由な発想で
　4．児童生徒も教職員も自転車に乗るように

　●使用アプリ・ツール一覧　18

■ 第Ⅱ部　授業や活動等における ICT 実践事例　19

ページの見方

2年　国語　同じ部分をもつ漢字を見つける―Jamboard を使って共通点を見つける―　20
4年　国語　グループで学級新聞を作ろう―学級のことを分かりやすく報告しよう―　22
6年　国語　作品の世界を捉える―スライドで物語作品の世界を見える化しよう―　24
7年　国語　おすすめ本のポップ作り―本の魅力を表現しよう―　26
9年　国語　フリップ形式で段落をまとめよう―筆者の言いたいことを見える化しよう―　28
5・6年　国語・算数　思考を支える基礎となる能力の育成―漢字・計算フラッシュ―　30
3年　社会　スーパーマーケットのひみつを調べよう―お客さんを集めるための工夫を考えよう―　32
5年　社会　米作りのさかんな地域―米作りがさかんな理由を考えよう―　34
8年　社会　日本の諸地域（中国・四国地方）―ICT を活用した地域の自然環境の読み取り―　36
9年　社会　○○市のまちづくりを考える―意見を出し合い、まとめよう―　38
1年　算数　10より おおきい かず―タブレット上の数図ブロックをうごかして―　40

2年　算数　図形の定義や性質を理解する―Jamboardで図形の特徴を主体的に発見―　42

3年　算数　分数のたし算―事象を比較し、思考を書き込む―　44

7年　数学　てんびんを使って方程式の解き方を考えよう　ICTを活用し、視覚的に方程式を捉える―　46

8年　数学　連立方程式の利用―他者と協働し、学びを深める―　48

8年　数学　連立方程式の利用の考え方―考えを整理、他者と比較し、再考する―　50

9年　数学　二次方程式と平方根―イメージしにくい√の数を食べ物から考える―　52

4年　理科　生活経験を基に予想し、問題を見いだす―事象を比較し、思考を書き込む―　54

8年　理科　電流のはたらきを表す量―Jamboardとスライドで考察を行おう―　56

9年　理科　酸・アルカリと塩―目に見えないイオンを動かしてみよう―　58

1年　生活　きれいな　はなを　さかせたい―植物の変化や成長の様子に気付き、大切にしよう―　60

2年　生活　めざせ　野さい作り名人―収穫した野菜で夏野菜ピザを作ろう―　62

2年　音楽　いろいろなくにのおどりの音楽をききくらべよう―付箋の利用で曲想を捉えやすく―　64

7年　音楽　3つの場面の音楽を作ろう―ソングメーカーを活用して簡単に音楽を作ろう―　66

7年　美術　抽象画制作―多様なモダンテクニックを知り自己表現しよう―　68

8年　保健体育　器械運動―課題を把握し主体的に取り組む―　70

9年　保健体育　チームの連携強化―苦手な生徒が参加しやすいゲーム作り―　72

5年　家庭　調理の手順を考えよう―プログラミング的思考を用いて、調理の手順を考える―　74

8年　技術・家庭（家庭分野）　栄養バランスのよい1日分の献立を作ろう
　　　　　―中学生に必要な量はどれくらいだろう―　76

9年　技術・家庭（技術分野）　情報の技術―目覚まし時計の音楽をプログラミングしよう―　78

7年　英語　登場人物になりきって、英語を音読しよう―デジタル教科書を使って表現力を高めよう―　80

8年　英語　行ってみたい場所を紹介する―スライドを使ったプレゼンテーション―　82

9年　英語　海外のペンパルと手紙のやり取りをしよう―ICTを使って様々な表現方法に挑戦―　84

5年　道徳　不合理を乗り越えよう―道徳専用クラスルームで意見交流を活発に―　86

5年　総合的な学習の時間　「ゆるスポーツ」を開発しよう―ドライブで協働と思考を活性化―　88

3年　特別活動（学級活動）　給食完食50回パーティーをしよう―学級会での議題決めと振り返り―　90

5年　特別活動（学級活動）　かっこいい6年生をめざして―なりたい自分に近づくための意見交流―　92

5・6年　特別活動（児童会活動）　聞きやすい放送をめざそう―給食委員会の取組―　94

5・6年　特別活動（委員会活動）　集会で発表しよう―保健委員会からの挑戦状―　96

7~9年　特別活動（生徒会活動）　気をつけよう―ICT機器による視力低下―　98

1~6年　特別支援　自立活動　朝の会をしよう―安心感の中で意思表示―　100

1~6年　特別支援　図工・自立活動　ピクニックへ行こう
　　　　　―お弁当を考えて描き、楽しさをつたえよう―　102

7~9年　特別支援　理科・自立活動　植物の成長―みんなで観察しよう―　104

7~9年　特別支援　国語　物語の読み取り―登場人物の心情を理解する―　106

1~6年　通級指導　自立活動　楽しかったことを日記にかこう―抵抗感なく作文するために―　108

7~9年　通級指導　自立活動　自己紹介をしてみよう―自分の思いを表現する―　110

4年　国語　ブックトーク「新美南吉の世界」
　　　　　―サイトを活用したブックトークで新美南吉の世界を知る―　112

■ 第Ⅲ部　遠隔合同授業および図書館での ICT 実践事例　　113

 国語科　ICT をフル活用！
オンライン遠隔授業実践
──「大造じいさんとガン」を読み深める──　　113

　1．概要／2．実践の流れ／3．今後の展望

 学校図書館と一人一台端末　　120

　1．読書センターと ICT ／2．学習・情報センターと ICT

おわりに　125

第Ⅰ部
ICT を活用した学びのネクストステージに向けて

 第1章 小中学校における ICT 活用と姫路市の教育

1. 本書のねらい

　子どもの思考を深め、資質・能力を高めるための ICT 活用のネクストステージを提示することが本書のねらいです。新型コロナウィルス感染症の広がりにより、GIGA スクール構想が前倒しで実施されることとなりました。2021年度中には一人一台の端末が全国全ての小・中学生に配布されました。そして、2021年度にはとにかくそれらを活用することが求められました。

　その後、活用していくにつれ、よりよい授業をするために、あるいはよりよい生徒会活動や行事を行うために、どういった場面でどう使えばいいのかという効果的な活用方法を模索する段階へと移り変わっていきました。本書では、この段階を ICT 活用のネクストステージとして位置付けます。

　ICT 機器自体の特性や機能は、すでに様々なところで紹介されています。大量の情報を収集、整理・分析、まとめ、表現することができる、時間的・空間的制約を超えて双方向のやりとりをすることができるなどです。ただし、これらの何をいつどのように取り入れると授業や活動の質が高まるのかについては、まだ十分に解明されているわけではありません。そのため、本書では、ICT を活用することで、どうすればよりよい教育活動を実践することが少しでもできるのか、姫路市立豊富小中学校におけるその模索過程をお伝えできればと考えています。

2. 本書の特徴

(1)「子どもの学び」から ICT を活用した効果的な教育活動を提示

　本書では、ICT 活用の効果を子どもの思考の深まりをはじめとする、様々な資質・能力の高まりを促進しつつあることとして捉えています。その上で、それらがどう深まったり高まったりしつつあるのかについて、授業や活動の過程に沿った子どもの学びの変容過程から描き出すことに努めています。

　そのため、実践事例を紹介する第Ⅱ部では、授業や活動の過程を教師の活動場面からうかがえるように左ページに記述し、それに対応する形で、子どもの変容を子どもの活動場面から示せるように右ページに載せ、見開きで見比べられるようにしました。その中では、子どもが ICT を活用した授業や活動場面でどのように応答し、発話し、振り返ったのかについて、できる限り子どもの言葉を拾い上げて掲載しています。ただし、子どもの特性上、自分の考えや気持ちを他者への言葉として十分に伝えられない場合は、教師が子どものそれらを汲み取り、記述した箇所もあります。

　加えて、それらを分析し、子どもの姿から見えた ICT の効果や効用について記述しています。また、そうした効果や効用は、授業の一場面で ICT を使用したために生じたものではなく、単元構想の中で促されるという認識に立ち、単元のねらいと単元の流れも示すようにしました。したがって、本書は実践事例集としてだけではなく、実践研究集の性質も有しています。

（2）一般の学校での日常の実践と「とっつきやすさ」

　本書では、一般の学校において、真摯に教育に向き合う教職員の方々の日常から立ち上がる実践を取り扱うことで、ICT に対して「とっつきやすさ」を感じていただければと考えています。これまでの学校における ICT 活用に関する著書のほとんどは、大学附属や研究開発学校等の ICT 活用に対する強力な支援・リソース体制にある学校を取り扱ったものです。本書ではそうした学校ではない一般的な学校の試行錯誤の過程にある実践を掲載します。

　したがって、「効果的な教育活動」と上で述べましたが、模範例という意味では決してありません。本書に掲載する実践事例は、全ての先生がトライ＆エラーを繰り返しながら、よりよいものへと日々更新している途上にあるものです。それゆえ、豊富小中学校の子どもたちの変容を促すという意味では効果的ですが、おそらく「もっとこうしたらいいのではないか」と思われる場面があるかもしれません。しかしながら、学び続ける教師という反省的実践家としての教師像からすると、また、学びが子どもの実態に即して立ち上げられる点に鑑みると、効果的な実践や教育活動というのは完全体として提示されるものを意味するだけではないだろうと考えています。先生方の日々の努力と葛藤の中から生まれ出る「これをしてみたらおもしろいかも」と挑戦するその実践を通して、「あれ？」と思ったり、「そうか」と納得したりといった何かしら応答をしたり、教師の想定を超える創造的な活動や学びを生み出したりするところに過渡的な状態としての効果を見出してもいいのではないでしょうか。

　本書では、そうした先生方の日常の実践を取り上げることで、「あ、こんなふうにすればいいんだ」と、全国の教職員の方々が真似しやすい実践を提示するように努めました。豊富小中学校では、先生たちが、「どうやってるの？」「これはどうしたらいいの？」とお隣の先生に聞きながら、わいわい楽しみつつ、学び合いながら授業を創り上げようとしています。それを感じていただきながら、「ちょっとやってみようかな」と思える「とっつきやすさ」を大切にしています。

（3）ツールとしての ICT と身体性を伴う授業や活動づくりの重要性

　ICT 活用のねらいは、それを「道具」として使うことで授業や活動の質を高め、子どもの資質・能力を向上させるところにあります。たとえば、回答の一斉表示機能を用いると、学習課題への回答や考え方をクラスで共有しやすくなり、子どもは仲間のそれらをまねて、自身の考えを深めたり広げたりしやすくなります。このように、ICT は、「○○しやすくする」促進ツールであることがわかります。

　そのため、ICT は、そもそもの授業や活動が持ち合わせている効果と効用を高めやすくする道具であると言えます。もちろん、ICT 機器自体の効果や効用も一部にはありますが、その前提には、授業デザインや教員の働きかけや子ども自身の取組があります。したがって、ICT を使えば使うほど授業や活動がよくなったり、子どもの資質・能力が伸びたりするわけではないと考えています。仮に、授業中に継続して ICT 機器を使用していた場合に、子どもの資質・能力が伸びたとするならば、それはその授業デザインや教員の働きかけと子どもによる学び自体の効果であって、ICT 機器による直接的な効果は一部であると想定することができます。

　この見解によって、以下の 2 点が浮かび上がります。一つ目は、ICT の活用は「こんな感じでいいんだな」「これができれば実は十分なんだな」と気を楽にしていただいてよいのではないかという点です。

　二つ目は、身体性を伴う授業や活動づくりの大切さです。ICT を通して同時編集をすることで協働

的な学びは成立しますが、学校に来てもひたすら画面を見続けているだけでは「孤独を感じる」という子どもの声もあります。また、コミュニケーションは、言葉だけではなく、相手の表情や声や動きなど含めた全身で行うものです。友だちが「うん、大丈夫だよ」と言っているけれども、よく顔を見ると「大丈夫ではないんじゃないかな」と考えられることが人間関係を構築する上では必要となります。ICT 機器を使うけれども、子どもたちが直接会話をしながらグループワークをしたり、お互いの顔や手や足などの体全体を見合いながらみんなで学習をしたりする活動を通して資質・能力を高めることが重要になると考えています。

（4）ICT を活用した 9 年間の学びの連続性

　義務教育学校を対象とすることで、ICT を活用した 9 年間の学びの連続性を感じていただければと思っています。また、縦の連続性だけではなく、義務教育における学びの横や斜めの連続性を取り入れるように努めました。47名の先生方に執筆いただいており、特別支援学級の先生、司書教諭、栄養教諭、養護教諭といった学級を超える重要な役割を担われている先生の実践も紹介しています。これらにより、ICT を活用しての 9 年間の学びの総体を、おぼろげながらでも示唆することができればと考えています。

3．ICT 活用の効果とは——本書での位置付け——

（1）個人と社会のウェルビーイングを高めるツールとしての ICT

　ICT は、多様な子どもたちが社会の中でお互いの存在を認め合い、助け合えるようになるための、子どもたちをつなぐツールであると考えています。したがって、端的に述べますと、ICT の利点は、多様な他者をつなぐところにあります。それによって、子どもの思考が深まり、様々な資質・能力が高まっていくことが効果として想定されます。ただ、どのような思考を深め、どういった資質・能力を高めるのかについては、個人の成長のみならず、どのような社会づくりがめざされるのかという、学校の公共的役割の観点から検討することも重要だと言えます。

　近年、グローバルに追求される学校の役割は、個人と社会のウェルビーイングを高めるところにあるとされます。OECD Future of Education and Skills 2030プロジェクトでは、2030年に望まれる社会のビジョンとそのビジョンを実現するためのコンピテンシー（資質・能力）が検討されてきました。その中で提示されたビジョンがウェルビーイングの達成です。ウェルビーイングとは、幸福度と訳されることもありますが、人間としての尊厳が保障された良好な状態として捉えることができます（柏木2020）。そのためには、分断よりも協働を、短期的な利益よりも持続可能性を大切にすることが求められています。そして、必要な資本として提示されたのが、自然資本、経済資本、人的資本、社会関係資本です。

　学校は全ての資本に関係するものの、直接的に寄与するのが人的資本と社会関係資本です。人的資本を簡単に述べますと、子どもの知識や思考といった認知能力が伸びると将来的に経済的便益をもたらすことができるという想定のもと、人間の資質・能力自体を、またそれを有した人間自体を資本だとみなす考え方をさします。近年の研究成果から、認知能力のみならず、批判的思考（思考は認知能力と分類する場合もある）、意欲、自尊感情、創造力、共感性などの非認知能力が人的資本として有用であ

る点、それらの有用性が経済的観点のみならず、社会生活の安定や民主主義の進展といった社会的側面に広がる点が指摘されています（中澤 2018）。

　一方、社会関係資本、つまり人々の関係性自体が資本であると捉える研究からは、お互いに助け合い、信頼し合える人間関係の多くある社会では、経済的発展のみならず、秩序の安定や民主主義、ウェルビーイングが促進されるという点が見出されています（辻・佐藤 2014）。ただし、その関係性の質が問われ、閉鎖的で統制的な排除を生み出す関係性よりも、一般化された互酬性の規範のある、開放的で水平的な多様な他者とかかわれる関係性の方がウェルビーイングを高めるとされます。

　一般化された互酬性の規範とは、「お互い様」という言葉に示されるように、たとえ知り合いでなくとも、目の前に困り事を抱えた人がいたり、ニーズを有する人がいたりすれば、自分のもてる資源を見返りを求めずに差し出す価値規範を意味します。この互酬性の規範は、ケアする関係性としても捉えられます。ケアとは、他者に関心と共感をもち、他者のニーズに気付き、それに応えようと働きかける応答的活動のことをさし、公正を遂行するための個々人による具体的行為として言い換えられます（柏木 2023）。また、公正は、社会の分断と社会経済的不平等を縮小するために、資源の分配による個のニーズの充足を図りつつある状態をさし示す理念になります。つまり、人々が一般化された互酬性の価値規範を備え、ケアのなされる開かれた関係性を構築すると公正な社会の形成につながり、社会全体のウェルビーイングが担保されると言えます。この公正概念は、総合科学技術・イノベーション会議（2022）でも取り上げられている教育政策の中核的価値でもあります。

　これらから、今後は、社会の分断を防ぎ、公正で持続可能な社会を構築することで、個人と社会のウェルビーイングを高めることがめざされていると言えます。そのための学校の役割として、子どもの認知・非認知能力の双方を育成し、社会関係資本を構築できる子どもを育てることが求められています。その中でも、子どもが多様な他者とかかわりながらお互いの価値を承認し、尊重し、助け合える関係性をいかに築いていくのかという視点からの資質・能力の育成が必要とされていると考えられます。こうした知見は、ベック（1992＝1998）や見田（2018）がポスト近代社会について論じる中で、生産主義的合理化社会における経済優先志向と人間の有用性志向を批判し、いかに人と人が互いに関心をもってつながりあい、それゆえに幸せを感じられる持続可能な社会をつくるのかを問う見解と合致します。

　これらを踏まえると、冒頭で述べたように、多様な他者との協働的で創造的な学びを進めるためのツールとして ICT 機器を位置付けることがよいように思われます。このことは、21世紀型スキルを身に付けるために、学習者同士の相互作用から知識構築活動を引き起こすための ICT 支援方法が検討されていたり、デジタルネットワークを使った学習の中で社会関係資本の醸成が示されたりしているところからもうかがえます（グリフィン・マクゴー・ケア2014）。したがって、本書では、そうした学びに主眼を置き、公正な民主主義社会の形成を視野に含めた ICT 活用の効果について、子どもの発話や変容に基づきながら具体的に述べるように心がけています。

（2）ウェルビーイングに向けて求められる資質・能力

　OECD の上記プロジェクトでは、ウェルビーイングのために変革をもたらすコンピテンシーとして、新たな価値を創造する力、対立やジレンマを克服する力、責任ある行動をとる力が上位に掲げられており、子どもにはそれらを用いてエージェンシーを発揮することが期待されています。エージェ

ンシーとは、「変化を起こすために、自分で目標を設定し、振り返り、責任をもって行動する能力」（白井 2020：79）と訳されています。

　これらの下位概念として、2016年時点で提示されていたのが次の通りです（白井 2020、文部科学省「OECD Education 2030プロジェクトについて」）。まず、知識として、教科の知識、教科横断的な知識、実用的知識があるとされ、具体的には、STEM、数学、歴史、科学、芸術、持続可能な開発、グローバルシチズンシップ、ノウハウが示されています。次に、スキルとして、認知的・メタ認知的スキル、社会・情動的スキル、身体・実用的スキルがあるとされ、具体的には、批判的思考力、創造的思考力、問題解決能力、協働性、共感性、自己管理、新たな ICT 機器の利用、手先の器用さが示されています。さらに、態度及び価値観として、好奇心、自己効力感、適応性、責任、開かれたマインドセット、成長志向のマインドセットが示されています。

　上記から、今後育成することが求められるコンピテンシーとして、認知・非認知能力に関連する幅広い資質・能力が位置付けられているのが分かります。これら以外にも、2005年に OECD の DeCeCo プロジェクトで示されたキーコンピテンシーとしての、自律的に行動する力、道具を相互作用的に用いる力、異質な人々から構成される集団で相互にかかわり合う力等も含まれます。

　また、上述したように、公正を担保し、個人の尊厳とウェルビーイングを保障するために、柏木（2020）は、子どものケアする能力の育成を提案します。「ケアする能力」は多様な自他をありのままに認め、その上で自他に関心と共感をもって、自他のニーズに気付き、応答する力と定義されます。そこには、自分や仲間の状態を感知する自己・他者理解力や想像力、ありのままの自他を認める自己肯定感・他者受容力、ニーズや問題のある状態を自己責任で済まさずに社会構造に課題を見出す批判的思考、自他の人権を認識し守ろうとする力、そのために助けてほしいと言える援助希求力、仲間を助ける力、仲間とともに不正な社会に抵抗する力、新たな価値を創造する力などが含まれます。

　その他、各教科や子どもの実態によっても求められる力は異なります。さらに、あらかじめ定められているのではない新しい能力や資質を子どもたち自身が創発することも期待されています（グリフィン・マクゴー・ケア 2014）。したがって、今後育成することが求められる資質能力にはまだ明らかにされていないものを含め、多種多様なものがあります。

　これらを踏まえ、本書では、個人と社会のウェルビーイングに向けて、子どもたちが ICT を活用して上記の多様な資質能力を身に付けつつある過渡的状態を効果として捉えます。それらの中でも、多様な他者とのケアを基盤とする協働的な学びを重視し、子どもの変容を質的に捉えて記述します。

□ 参考文献

　Beck, U. (1992) *Risk Society*, SAGE Publications Ltd（東廉訳『危険社会』法政大学出版局、1998年）.

　グリフィン，P、マクゴー，B、ケア，E（三宅なほみ監訳）(2014)『21世紀型スキル』北大路書房。

　柏木智子 (2020)『子どもの貧困と「ケアする学校」づくり』明石書店。

　柏木智子 (2023)「ICT の活用による公正な教育活動の推進」『学習社会研究』第 5 号、186-199頁。

　見田宗介 (2018)『現代社会はどこに向かうか』岩波書店。

　文部科学省「OECD Education 2030プロジェクトについて」（最終閲覧2023年 1 月 URL：https://www.oecd.org/education/2030-project/about/documents/OECD-Education-2030-Position-Paper_Japanese.pdf）

　中澤渉 (2018)『日本の公教育』中央公論新社。

　白井俊 (2020)『OECD Education 2030プロジェクトが描く教育の未来』ミネルヴァ書房。

　総合科学技術・イノベーション会議 (2022)「Society5.0の実現に向けた教育・人材育成に関する政策パッケージ」。

　辻竜平・佐藤嘉倫 (2014)『ソーシャル・キャピタルと格差社会』東京大学出版会。

4．姫路市の教育と ICT 推進施策

（1）姫路市の教育

　姫路市は、兵庫県の南西部、播磨地方の中心部に位置する中核市です。市の中心部には、国宝や世界文化遺産に指定されている姫路城がそびえたっています。第一次産業が盛んな地域も多いですが、近年は宅地化が進んでいます。2022年度の人口総数は約53万人で、緩やかな人口減少傾向にあります。姫路市内には、市立小学校が66校、公立中学校が33校、義務教育学校が3校、特別支援学校が1校あります。

　姫路市における基本理念は、第2期姫路市教育振興基本計画によると、「ふるさと姫路の未来をひらく人づくり～自立し、認め合い、つながる教育を目指して～」です。その実現に向けて、「確かな学力」の育成等を推進する施策が定められています。その中で、ICT 機器やデジタルコンテンツ等の効果的な活用による授業改善を図ることが記されています。このような学校教育を通じて育成したい子どもの力について、西田耕太郎教育長は、次のように述べています。

　　「立ち直る力」が大事だと考えています。しかし、人間一人の力はたいしたことはありません。一人で立ち直ろうと思って粘り強く頑張っても、できないことがあります。そのときに、「助けて」と言える仲間がどれだけいるのかが重要です。そのためにも、困った人を助けたり、相手の傷んでいる気持ちをくんだりすることができるような人間関係力を育てる教育が必要だと考えています。

　これは、「ICT 活用の効果とは」で述べたケアする能力の育成に相当し、ICT が他者とつながるツールとして述べた部分と重なるところです。また、西田教育長は、「リーダーが変わっても子供の成長にやりがいを感じながら学び合える教職員の組織づくり、組織力が大事」と指摘します。これは、本書の特徴で述べた、力のある教育委員会、校長、教員が引っ張るのではなく、教職員みんなで授業改善に取り組む姿を描こうとする本書の意図と合致します。姫路市の教育における ICT 活用は、一人ひとりの子どもの成長と他者とのあたたかなかかわりのある社会づくりのために進められていると言えます。

（2）姫路市の ICT 推進施策

　姫路市教育委員会は、学校教育の情報化推進事業を2014年より進めており、「ICT を活用した質の高い教育環境を実現することにより、学習効果を一層高める授業を推進します」と取組方針を示しています。その推進のために、ICT 支援員の派遣や教員研修制度などを整えています。ICT 支援員は、学校規模によって異なりますが、月2回程度各学校を訪問します。また、ICT 支援員が常駐している研究協力校もあります。姫路市では、学校に負担をかけないために、研究指定校ではなく、研究協力校を募集し、各学校のニーズに合わせた ICT 活用を模索しています。さらに、教育委員会の ICT 担当の指導主事も、要請があれば学校訪問を行います。姫路市の教員は、研修制度の他に、公的な各教科・教科外担当者の研究会、自主的な ICT 活用研究会等で授業力の向上を図っています。

（柏木智子）

第2章 児童生徒の学びと資質・能力につながる学習指導における ICT 活用の特徴
──姫路市における ICT 活用の実態調査の結果から──

　児童生徒の学びの質を高めて、これからの時代を生きていくことの基盤となる資質・能力を確実に育成するために、小・中学校教員には学習指導において ICT を効果的に活用することが求められてきました。なぜなら、ICT 活用の特性や強みである「多種多様な情報を収集、整理・分析、まとめ・表現することなどができ、カスタマイズが容易であること」「時間や空間に関わらず、文字・音声・画像などのデータを蓄積ないし送受信でき、時間的・空間的制約を超えること」「距離に関わらず、相互に情報のやりとりができるという双方向性を有すること」が主体的・対話的で深い学びを促すと考えられてきたからです。

　その中で、本書や『学習指導要領解説』、『教育の情報化に関する手引』などにおいて、学習指導における ICT 活用の好事例が数多く提示されており、児童生徒の学びと資質・能力に資する効果的な ICT 活用の一端が明らかになりつつあります。

　しかし、これまでに示されてきた学習指導における ICT 活用の好事例は、個別具体的な特定の単元や内容、集団における ICT 活用の効果を表すものであることに留意する必要があります。つまり、他の様々な単元や内容、集団においても、学習指導における ICT 活用が児童生徒の学びと資質・能力に効果を有するのかどうかは定かではないのです。さらに、学習指導における ICT 活用には多様な側面がありますが、どのような側面がとりわけ効果を有するのかも確かなエヴィデンスは現状ありません。

　そこで、本章では、姫路市の公立小学校4～6学年、中学校1～3学年の児童生徒と担任教師を対象に実施された WEB 調査のデータを分析し、日々の学習指導における ICT 活用が児童生徒の学びと資質・能力に及ぼす影響の一端を検討しました。

　当該調査は、姫路市の公立小学校50校（児童数：1万1733名、教員数：608名）と中学校26校（生徒数：1万992名、教員数564名）を対象として、2021年7～10月に2回実施されました。

　分析に使用した変数を次頁の**表**に記します。担任教師の学習指導における ICT 活用に関する変数は、担任教師が日々の学習指導における ICT 活用の頻度を側面（「思考を深める学習支援」「授業準備と学習評価の効率化と充実化」「協働学習の支援」「ICT 活用の基礎・基本の支援」「学習の基盤となる資質・能力の支援」）ごとに自己評価したものです。児童生徒の学びと資質・能力に関する変数は、児童生徒が日々の学び（「対話的な学び」「探究的な学び」「主体的な学び」）と資質・能力（「批判的思考態度」「学習の得意度」「ICT リテラシー」）を自己評価したものです。なお、これらの変数は、因子分析という統計解析により導出されたものです。

　学習指導における ICT 活用が児童生徒の学びと資質・能力に及ぼす影響を検討するために、マルチレベル分析という統計解析を行ったところ、次頁の**図**の結果が得られました。分析にあたって、調査の実施回、ならびに児童生徒の学年と性別を統計的にコントロールしています。つまり、得られた結果は、調査の実施回、ならびに児童生徒の学年と性別に関わらない結果と解釈できます。

分析で使用した変数

担任教師の学習指導における ICT 活用に関する変数	児童生徒の学びと資質・能力に関する変数
思考を深める学習支援 発表や話し合い、「見方・考え方」を 働かせることを支援する	**対話的な学び** 友だちや大人との対話を通した学び
授業準備と学習評価の効率化と充実化 授業準備や採点、学びの見とりなどの効率化と充実化	**探究的な学び** 「課題の設定」「情報の収集」「整理・分析」 「まとめ・表現」の過程を通した学び
協働学習の支援 他校や海外の子供、地域の大人との協働学習の支援	**主体的な学び** 興味や見通しをもち、粘り強く学ぶとともに、 学びを振り返り、次の学びにつなげる
ICT 活用の基礎・基本の支援 基本的な操作や情報モラルの指導	**批判的思考態度** 論理的かつ客観的に考えようとする態度
学習の基盤となる資質・能力の支援 基礎・基本や言語能力の支援	**学習の得意度**
	ICT リテラシー 様々な場面における ICT の活用力

分析の結果

注：白い矢印は正の影響、黒い矢印は負の影響を示しています。

得られた結果をまとめると、次の6点となります。

◆ 担任教師は、基礎基本や言語能力など学習の基盤となる資質・能力を支援するために ICT を活用しているものの、学校全体ではこの用途で ICT を活用していない場合、児童生徒の探究的な学びと主体的な学びは低下しました。

◆ 担任教師は、基本的な操作や情報モラルなど ICT 活用の基礎基本を支援するために ICT を

活用しているものの、学校全体ではこの用途で ICT を活用していない場合、児童生徒の批判的思考態度は低下しました。

◆ 担任教師と学校全体が、基礎基本や言語能力など学習の基盤となる資質・能力を支援するために ICT を活用している場合、児童生徒の学習の得意度は高くなりました。

◆ 学校全体が、授業準備や採点、学びの見とりなどの効率化と充実化のために ICT を活用している場合、児童生徒の学習の得意度は高くなりました。

◆ 本分析が取り上げた学習指導における ICT 活用の側面では、主体的な学びと ICT リテラシーを予測できませんでした。

◆ 本分析が取り上げた学習指導における ICT 活用の側面によって、児童生徒の学びと資質・能力の最大4.4%を説明できました。

以上の結果から、児童生徒の学びと資質・能力につながる日々の学習指導における ICT 活用の在り方として、以下3点の示唆が得られました。

◆ 児童生徒の探究的な学びと主体的な学びを低下させないためには、学校組織全体が基礎基本や言語能力など学習の基盤となる資質・能力を支援するために ICT を活用する必要があります。

◆ 児童生徒の批判的思考態度を低下させないためには、学校組織全体が基本的な操作や情報モラルなど ICT 活用の基礎・基本を支援するために ICT を活用する必要があります。

◆ 児童生徒の学習の得意度を向上させるには、担任教師個人と学校組織全体が基礎基本や言語能力など学習の基盤となる資質・能力を支援するために、あるいは学校組織全体が授業準備や採点、学びの見取りなどの効率化と充実化のために ICT を活用する必要があります。

これらの示唆を踏まえると、担任教師個人または学校組織全体のいずれかのみが学習指導において ICT を活用するだけでは、児童生徒の学びと資質・能力を向上させるには不十分であると考えられます。むしろ、担任教師個人と学校組織全体の両方が学習指導において ICT を活用しなければ、児童生徒の学びと資質・能力を向上させることはできないと考えられます。ゆえに、一担任教師のみならず学校組織全体で学習場面において ICT を活用する必要があるという共通認識のもと、日々の学習指導が展開されることが望まれます。

また、本分析が取り上げた学習指導における ICT 活用の側面では、主体的な学びと ICT リテラシーを予測できなかったこと、ならびに児童生徒の学びと資質・能力の4.4%しか説明できなかったことも注目すべき結果です。この結果から、本分析が取り上げた学習指導における ICT 活用の側面は、児童生徒の学びと資質・能力の向上に十分機能していない現状にあることが示唆されます。昨今、学習者用デジタル教科書の制度化や一人一台端末の配備など教育の情報化が急速に進んでいますが、教育現場ではその対応に苦慮しており、学習指導における効果的な ICT 活用を実現するために、外部人材や研修が必要なものと推察されます。

（清水優菜）

第3章 姫路市立豊富小中学校の概要と学校運営

1. 蔭山の地に新たな学校として開校

　兵庫県姫路市豊富町は姫路市の北東部の自然豊かな地にあります。2020年4月1日、隣接する豊富小学校と豊富中学校が一つになり、施設一体型の義務教育学校「～蔭山の里学院～姫路市立豊富小中学校」として開校しました。

　本校の前身である姫路市立豊富小学校・中学校では、2016年度から2018年度の3年間は文部科学省の指定を受け、隣接する豊富幼稚園とともに「自立した消費者の育成」をテーマに消費者研究を行いました。また、2018年度からは学校図書館を学びの中心に据えるとともに、「新聞をつくるとつかう」をコンセプトにNIE（教育に新聞を）を推進し、情報を活用し他者と関わりながら疑問や課題を解決する「調べる力」の育成に取り組んできました。

　校長として豊富中学校に着任したのは2018年の春です。開校に向けて心をくだいたのは、これまで小学校・中学校として培ってきた歴史と伝統に敬意をはらいつつ、単に二つの学校が一つになるのではなく、地域コミュニティの中心となる新しい学校としての価値を創出することでした。

　はじめに着手したのが「学校グランドデザイン」と「豊富小中学校ブランドカリキュラム」の作成です。ここでは学校教育目標として「変動する社会の中で自己を実現できる人材の育成」、育みたい資質・能力として「課題対応能力」を明示しました。これは、開校にあたり、ビジョンを共有化することで組織力の向上・強化・深化を図るとともに、これからの時代に求められる新しい学びの形を組み込み、じっくりと学校文化を再構築することをねらいとしたものでした。

　課題対応能力を「様々な課題を発見・分析し、適切な計画を立ててその課題を処理し、解決することができる力」と定義しています。具体的な要素としては、情報の理解・選択・処理等、本質の理解、原因の追究、課題発見、計画立案、実行力、評価・改善などが挙げられます（「今後の学校におけるキャリア教育・職業教育の在り方について（第二次審議経過報告）」より）。その中でも、全ての学習の始まりである課題発見を大切にしています。そして、自分の「？（疑問）」を「！（発見）」につなげるために、知識や情報を組み合わせて論理的に考え、表現（アウトプット）する力の育成にも取り組んでいます。これらの力を育み、新しい学びを実現するための力強い道具として、ICTを活用しています。

豊富小中学校 ブランド（特色）カリキュラム

【ブロックが目指す子供像】

豊かな感性を持ち、知恵を活かして課題や場面に対応できる子

【将来の目指す子供像】

課題を多面的・多角的に捉え、主体的に価値判断や意思決定をすることができる子

	1年	2年	3年	4年	5年	6年	7年	8年	9年

ICT ・ 学校図書館 ・ NIE

キャリアパスポートの活用

未来を拓く

た　ま　て　ば　こ

学びに向かう姿　試す・確かめる・まとめる・テーマにせまる・場数をふむ・行動に活かす

学びへの支援　体験・学び方・テクノロジー・場の設定・好奇心

2．学び・くらしの中に ICT

　ここで、本校の学び・くらしの雰囲気を少し紹介します。以下は、まだマスクをしていても遠慮がちに会話をしなければならなかった開校 2 年目、2021 年 4 月上旬の様子です。新学期始まって初日、始業式の日には 2 年生〜 9 年生全ての学級で新しい Google Classroom の運用が始まりました。次の日には、さっそく屋外で植物を撮影している姿や自己紹介文を打ち込む姿も見られました。後期課程の学校図書館では、図書委員会の生徒が「もっとみんなが来てくれる学校図書館にするには？」というテーマに対して、互いのアイデアをタブレット上に出し合い、意見交換をしていました。各学級でも、クラウド上で意見交流したり自分の考えや学んだことの振り返りを記録したりする子どももたくさんいました。新しい年度が始まってすぐにも関わらず、学びやくらしの風景の中に一人一台端末が自然と溶け込んでいました。もちろん今年度の 4 月当初も、同じような光景が見られました。

　本校の一人一台端末導入は、2020 年 9 月 14 日です。導入当初から試行錯誤しながら実践を積み重ねてきた結果、教科等での学習時間はもちろんのこと、係活動や委員会活動・生徒会活動など、休み時間や家庭での活用も含めて、ICT はなくてはならない道具として生活の中になじんでいます。

3．「ICT 活用の日常化」のための学び合う教職員集団
〜前例にとらわれない自由な発想で

　GIGA スクール構想による整備を契機に、児童生徒がアクセスできる情報が飛躍的に増え、資料共有や同時編集・遠隔交流など創造的に ICT を活用できる環境が整いました。また、ドリル学習ソフトの活用など、個に応じた学びの在り方も大きく変わりつつあります。ここで大切なのは、これまでの学習デザインにとらわれず自由な発想でアイデアを出し合える教員集団づくりです。

　職員室でよく聞こえてくるのが「試してみよう」「子どもたち、こんな方法を見つけているよ」「それ、どうやるん？」などの会話です。教職員は、雑談やつぶやきから互いに知恵を出し合い、試行錯誤して実践的な情報共有を進めていきました。その際に活用したのが、教職員間のコミュニケーションツールとしての Microsoft Teams です。そこには、毎日の連絡事項や会議資料が配布されるのはもちろんのこと、ICT の活用事例が数多く投稿されています。そして、互いの模倣から実践が広がり、定着し、効果的な利活用がめざされるようになりました。その実践過程で、教職員の相互理解が促進され、豊かな同僚性が育まれました。

　このことが、ICT の利活用の促進だけでなく、新しい学校づくりにつながったと思っています。つまり、新しい学校づくりそのものが生きたチームビルディングとなり、一人一台端末やクラウド活用に限らず、互いのアイデアを出し合いながら教育活動を創り出す土壌となっていきました。

4．児童生徒も教職員も自転車に乗るように

　「ICT 活用の日常化」に向けて、教員が ICT 機器の機能を体感しながら、学習や生活の中で児童生徒の活用場面を広げていく段階をふむことが大切と感じていました。このことが、係活動やクラブ・委員会・生徒会活動などの特別活動や休み時間など、いわゆる授業時間以外での児童生徒の ICT 活

用へとつながっていきました。

　最初はログインすることだけが目的でもいいと思います。道具として手になじむようになるまでは、効果的な活用場面ばかりを意識しすぎず、テクノロジーの機能を使いながら体感することが大切です。後ろから押していた自転車の手を自然に離していくように、活用場面を徐々に児童生徒に委ねていくイメージを教職員間でも共有しています。

　そのため、本校では、教職員を対象にした ICT の活用研修（操作・理論・実践紹介）もほとんど行いませんでした。研修では一時的に操作スキルが向上するだけで継続した実践にはつながらないと確信していたからです。まず大切なのは、「お互いの強みと弱みを共有し、できることを補完しあいながら全体で歩んでいくこと」を可能とする「教職員の学び合い」です。また、その中で、失敗と挑戦が優先される雰囲気づくりが重要だと考えています。ICT 活用に最初に取り組んだ教職員たちは、決してICT の活用が得意なわけではなく、どちらかと言えば苦手なタイプでありました。しかしながら、「まずはやってみよう！」というチャレンジ精神で学校全体を牽引して今に至りました。まさに「人」こそが最大の教育資源だと認識を新たにしております。

　今後も、指導力の向上に取り組み、これまでの ICT 活用の実績を活かしながら、一人一台環境をフルに活用し、児童生徒の学びを高めていきたいと思います。詳しくは、本校ホームページをご覧ください。

（前・姫路市立豊富小中学校　校長［現・姫路市立あかつき中学校　校長］　山下雅道）

●使用アプリ・ツール一覧

Google ウェブ検索™

Google カメラ

Google Classroom

Google サイト™

Google Jamboard™

Google スライド™

Google スプレッドシート™

Google ドキュメント™

Google ドライブ™

Google 翻訳™

Google フォーム

Google Meet™

Chrome 描画キャンバス

GeoGebra

ソングメーカー（Chrome Music Lab）

YouTube™

「コロックル」専用プログラムソフト

GIS（地理情報システム）

STUDYNET（スタディネット）

デジタル教科書

電子黒板

Google ウェブ検索、Google サイト、Google Jamboard、Google スライド、Google スプレッドシート、Google ドキュメント、Google ドライブ、Google 翻訳、Google Meet、YouTube は、Google LLC の商標です。
STUDYNET は、SHARP の商標です。

[ページの見方]

ICT の活用方法

単元を通しての子どもの変容

教材と単元のねらい

使用するアプリ

子どもの学びと変容から得られた ICT 活用の効果と効用

（サンプルページ 左：p.20）

2年 国語	同じ部分をもつ漢字を見つける

—Jamboard を使って共通点を見つける—

■ 教材と単元のねらい
教　材：同じぶぶんをもつかん字（光村図書出版 2年上）
単元のねらい：漢字には同じ部分をもつものがあることを知り、部分に注意して漢字を読んだり書いたりすることができる。

■ 単元の流れ
① 挿絵を見て、漢字の同じ部分を探す。→活用場面 1
② 漢字の仲間分けをする。→活用場面 2
③ 漢字の同じ部分に気を付けてノートに視写し、音読する。
④ 同じ部分をもつ漢字を巻末付録などから探し、漢字の仲間分けをする。

思考を深める ICT の活用場面

ICT の何を、どのように使うのか
Jamboard を使って
付箋の色を変えていくことで、漢字の同じ部分のつながりを可視化する。同じ部分をもつ漢字を画面上で分類し、主体的な活動につなげる。

子どもの変容（子どもの振り返りより）
自分で漢字を動かして仲間分けをすると、漢字の同じ部分がよく分かった。同じ部分をもつ漢字をもっと見つけたくなった。
Jamboard で漢字の仲間分けをする活動を繰り返すことでよく分かった。友だちに漢字を動かしながら説明ができて嬉しかった。

活用場面 1
絵の中の漢字を見つけて同じ部分を探しましょう。
6つの漢字に「木」があります。「休」の右側が「木」です。「林」は…。
黄色のところが同じ部分ですね。

ICT 活用のねらい：漢字の同じ部分を色でクローズアップし、漢字のつながりを分かりやすく示す。
活動：絵の中の同じ部分（木）をもつ漢字を見つける。子どもが見つけるたびに、デジタル付箋を白から黄色に変えていく。

活用場面 2
「木」のように同じ部分を見つけて3つに仲間分けをしましょう。
「田」と「町」には、「田」が入っているので仲間です。「右」と「石」には、…。
3つに仲間分けすることができましたね。他の仲間分けにもチャレンジしましょう。

田 右 町 見 石 貝

学習のねらい：漢字の仲間分けをした後、子ども同士でその伝え合いをすることで、お互いの理解を深める。
活動①：6つの漢字のデジタル付箋を指で移動させ、3つの部屋に同じ部分をもつ漢字を仲間分けする。
活動②：漢字を移動させながら同じ部分がどこであるかを友だちに説明する。

20　第Ⅱ部　授業や活動等における ICT 実践事例

（サンプルページ 右：p.21）

✔ 子どもの姿から見えたこと
　活用場面 1 では、漢字の同じ部分のつながりを可視化したことで、児童の学習意欲が高まっていた。具体的には、漢字の同じ部分の色を白から黄色に変えることで、児童は「発表して色を変えたい」「もっと漢字の同じ部分を見つけたい」という気持ちを膨らませていた。また、一人ひとりの発見をより分かりやすい形で周りの児童にも伝えられ、漢字の同じ部分を意識することができた。みんなでその発見を共有し、称賛することで、学習意欲を高め合い、積極的に漢字の学習に向う姿が見られた。
　活用場面 2 では、互いに説明し合うことで、児童の自信やメタ認知の向上と深い理解が誘発されつつあった。付箋に書いている文字を動かしながら、「どうして同じ仲間だと思ったのか」を友だちに伝えることで、分かりやすく説明することも可能になった。このように、協働的に学習に取り組むことができると同時に、コミュニケーション能力の高まりも感じられた。仲間分けをした後に元に戻し再び自分でやってみたり、順番を変えて友だちに問題を出してみたりするなど、論理的思考を伴う学び方に変化が見られた。

子どもの学び

活用場面 1

「木」の部分が黄色だから、ここにある漢字は「木」が入った漢字の仲間だね。
他にも同じ部分をもつ漢字があるかもしれない。見つけたいなあ。

活用場面 1 の子どもの振り返りより
「木、本、休、村、林、森」の同じ部分が「木」であることを見つけました。みんなで確かめた時に、「木」の部分が黄色に変わったのでよく分かりました。そして、漢字には同じ部分があることに気付くことができました。このほかにも同じ部分をもつ漢字を見つけたいと思いました。

活用場面 2

「見」と「貝」が同じ部分をもつ漢字だよ。なぜかというと、2つの漢字には「目」があるから。
「見」と「貝」が同じ部分をもつ漢字だね。教えてくれてありがとう。

活用場面 2 の子どもの振り返りより
文字を動かして仲間分けをすると分かりやすかったです。漢字の同じ部分を見つけることが楽しくなりました。友だちに説明してもらったり、自分が説明したりして、さらによく分かるようになりました。自分でも問題を作ってみたいと思いました。

（主幹教諭　山本三世志）

21

教　師

教師の発言

ICT の活用場面ごとの教師の働きかけと学習活動

子ども

子どもの発言（一部教師の見取りより）

ICT の活用場面ごとの子どもの学び

2年 国語 — 同じ部分をもつ漢字を見つける

―Jamboard を使って共通点を見つける―

■ 教材と単元のねらい

教　　　　材：同じぶんをもつかん字（光村図書出版2年上）

単元のねらい：漢字には同じ部分をもつものがあることを知り、部分に注意して漢字を読んだり書いたりすることができる。

■ 単元の流れ

① 挿絵を見て、漢字の同じ部分を探す。→活用場面1
② 漢字の仲間分けをする。→活用場面2
③ 漢字の同じ部分に気を付けてノートに視写し、音読する。
④ 同じ部分をもつ漢字を巻末付録などから探し、漢字の仲間分けをする。

思考を深める ICT の活用場面

ICT の何を、どのように使うのか
➡ **Jamboard を使って**
付箋の色を変えていくことで、漢字の同じ部分のつながりを可視化する。
同じ部分をもつ漢字を画面上で分類し、主体的な活動につなげる。

子どもの変容（子どもの振り返りより）
➡ 自分で漢字を動かして仲間分けをすると、漢字の同じ部分がよく分かった。同じ部分をもつ漢字をもっと見つけたくなった。

Jamboard で漢字の仲間分けをする活動を繰り返すことでよく分かった。友だちに漢字を動かしながら説明ができて嬉しかった。

活用場面 1

絵の中の漢字を見つけて同じ部分を探しましょう。

6つの漢字に「木」があります。「休」の右側が「木」です。「林」は…。

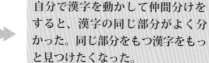

黄色のところが同じ部分ですね。

ICT 活用のねらい：漢字の同じ部分を色でクローズアップし、漢字のつながりを分かりやすく示す。

活動：絵の中の同じ部分（木）をもつ漢字を見つける。授業者は、子どもが見つけるたびに、デジタル付箋を白から黄色に変えていく。

活用場面 2

「木」のように同じ部分を見つけて3つに仲間分けをしましょう。

「田」と「町」には、「田」が入っているので仲間です。「右」と「石」には、…。

田	右	町	見	石	貝

3つに仲間分けすることができましたね。他の仲間分けにもチャレンジしましょう。

田	右	見
町	石	貝

学習のねらい：漢字の仲間分けをした後、子ども同士でその伝え合いをすることで、お互いの理解を深める。

活動①：6つの漢字のデジタル付箋を指で移動させ、3つの部屋に同じ部分をもつ漢字を仲間分けする。

活動②：漢字を移動させながら同じ部分がどこであるかを友だちに説明する。

✔ 子どもの姿から見えたこと

　活用場面1では、漢字の同じ部分のつながりを可視化したことで、児童の学習意欲が高まっていた。具体的には、漢字の同じ部分の色を白から黄色に変えることで、児童は「発表して色を変えたい」「もっと漢字の同じ部分を見つけたい」という気持ちを膨らませていた。また、一人ひとりの発見をより分かりやすい形で周りの児童にも伝えられ、漢字の同じ部分を意識することができた。みんなでその発見を共有し、称賛することで、学習意欲を高め合い、積極的に漢字の学習に向う姿が見られた。

　活用場面2では、互いに説明し合うことで、児童の自信やメタ認知の向上と深い理解が誘発されつつあった。付箋に書いている文字を動かしながら、「どうして同じ仲間だと思ったのか」を友だちに伝えることで、分かりやすく説明することも可能になった。このように、協働的に学習に取り組むことができると同時に、コミュニケーション能力の高まりも感じられた。仲間分けをした後に元に戻し再び自分でやってみたり、順番を変えて友だちに問題を出してみたりするなど、論理的思考を伴う学び方に変化が見られた。

○ 子どもの学び

活用場面1

「木」の部分が黄色だから、ここにある漢字は「木」が入った漢字の仲間だね。

他にも同じ部分をもつ漢字があるかもしれない。見つけたいなあ。

● 活用場面1の子どもの振り返りより

「木、本、休、村、林、森」の同じ部分が「木」であることを見つけました。みんなで確かめた時に、「木」の部分が黄色に変わったのでよく分かりました。そして、漢字には同じ部分があることに気付くことができました。このほかにも同じ部分をもつ漢字を見つけたいと思いました。

活用場面2

「見」と「貝」が同じ部分をもつ漢字だよ。なぜかというと、2つの漢字には「目」があるから。

「見」と「貝」が同じ部分をもつ漢字だね。教えてくれてありがとう。

● 活用場面2の子どもの振り返りより

文字を動かして仲間分けをすると分かりやすかったです。漢字の同じ部分を見つけることが楽しくなりました。友だちに説明してもらったり、自分が説明したりして、さらによく分かるようになりました。自分でも問題を作ってみたいと思いました。

（主幹教諭　山本三世志）

グループで学級新聞を作ろう
―学級のことを分かりやすく報告しよう―

■ 教材と単元のねらい

教　　　材：事実をわかりやすく報告しよう　新聞を作ろう（光村図書出版4年）
単元のねらい：相手や目的を意識して取材し、集めた情報を比較・分類して伝えたいことを明確にし、文章構成を考えることができる。

■ 単元の流れ

① 実際の新聞を見て特徴を知り、アンケートを取ったり撮影したりして取材し、記事の材料を整理・分析する。→**活用場面1**
② グループで割り付けや見出しを考えたり文章構成を考えたりして、記事を書く。→**活用場面2**
③ 互いの学級新聞を読み合い、感想を伝え合う。→**活用場面2**

思考を深める ICT の活用場面

**ICT の何を、
どのように使うのか** ▶▶

フォームとスライドを使って
フォームのアンケート機能を使ってクラスの実態を調査し、グラフにまとめることで読み手に分かりやすい資料を作成する。スライドを使って班ごとに記事を書くことで、見出しの作成や文の推敲を容易にする。

**子どもの変容
（子どもの振り返りより）** ▶▶

友だちの回答を予想してアンケートを作ったり、友だちの作ったアンケートに答えたりするのが楽しかった。

グラフで結果がすぐ見られたので、みんなの好きなことや好きな物など、友だちのことがよく分かって楽しかった。

活用場面 1

活動①：クラスの実態調査をするため、フォームを使用したアンケートの作成方法を授業

結果や理由を見て、自分たちの予想と比べたり、その回答が多い理由はなぜかを班で話し合ったりしてみましょう。

者が伝える。子どもは、答えを予想しながら（仮説を立てながら）アンケートの作成に班で取り組む。
活動②：試行的に作成したアンケートに回答し合い、自分たちの知りたいことが問えているか、答えやすいか、集計しやすいかを相談して改良する。
活動③：集計結果を見て、クラスの実態を班で話し合い、新聞づくりに必要な情報を決める。

活用場面 2

新聞名・発行日・発行者など新聞に必要なことも入れていきましょう。

見出しやわりつけをみんなで相談しましょう。

仕上がったら、互いに読みあって、間違った字や読みにくい文章を直し合いましょう。

活動①：スライドを使い、班のメンバーで協力して新聞を作成する。その際、子どもは一人一記事を担当し、仕上がった記事は互いに推敲し合う。
活動②：全ての班の新聞が出来上がったら、共有したスライドを全員が閲覧しながら発表し合い、互いの良いところを見つけ、感想を伝え合う。

✔ 子どもの姿から見えたこと

　活用場面1では、フォームを使ってアンケートを作成する学習で、「友だちがどんな回答をするだろうか。」「どんな問い方をすると自分たちが知りたい回答を得られるだろうか。」と試行錯誤しながら活動する中で、仮説の検証の仕方や妥当性を高める問い方を学ぶことができた。また、ICTで集計結果を簡単にグラフ化できることから、考察した内容を、客観的根拠をもって分かりやすく読み手に説明することが可能となった。

　活用場面2では、班で1つの新聞に仕上げるため、共有したスライドの画面上でメンバー同士が同時に文章を推敲したり写真のレイアウトを考えたりして活発な意見交流ができた。そのプロセスの中で、子どもたちは語彙力を増やし、文章構成力を高めつつあった。その結果、自信をもって自分の担当記事を書き上げることができた。ここでは、互いへの信頼を深め、協働的に学習する力を養いつつあったと思われる。

　班ごとに作成した学級新聞をClassroom上で共有して意見交流をする活動では、校外学習や林間学校の楽しかった体験を再度共有したり、アンケート結果から見えた互いの嗜好や考え方の違い、様々な表現方法の違いなどを認め合ったりする中で、多様性を尊重し、自尊感情を高め合う様子がうかがわれた。さらに、学級の仲間としての絆の深まりも促されていたようであった。

🔁 子どもの学び

活用場面1

記述式より選択式にした方が、後で集計しやすいね。みんなが答えてくれそうな答えを予想してみよう。

みんなの好きな教科で一番多いのは体育だね。その次が図工だから、このクラスの人は体や手を動かすのが好きな人が多いということが分かるね。

● 活用場面1の子どもの振り返りより
- 記述式にすると後で集計が大変だということが分かった。
- 友だちがどう答えるかを予想するのは難しかったけど、楽しかった。
- アンケートをしたことで、みんなのことが、前よりも色々分かってうれしい。

活用場面2

ひまわりと一緒に友だちが立っているから、ひまわりの高さが分かる。写真の撮り方を工夫しているな。

みんなの好きなことや嫌いなことがよく分かった。同じ記事でも班によって伝え方がちがうんだね。

● 活用場面2の子どもの振り返りより
- 新聞の作り方を友だちに教えてもらって、作れたのがうれしかった。
- 写真やグラフがたくさんあって、作った人の伝えたいことがよく分かった。
- 他の教科でも、読む人に伝わるようにもっと工夫して新聞を作りたい。
- 他の班の新聞では、写真の撮り方を工夫していたり、上手に見出しを考えていたりして参考になった。

（教諭　田中晶子）

<table>
<tr><td>6年
国語</td><td colspan="2">作品の世界を捉える
―スライドで物語作品の世界を見える化しよう―</td></tr>
</table>

スライド

■ 教材と単元のねらい

教　　　　材：やまなし、イーハトーヴの夢（光村図書出版6年）

単元のねらい：文章を読んで理解したことに基づいて、自分の考えをまとめることができるようにする。
　　　　　　　　物語の全体像を具体的に想像したり、表現の効果を考えたりすることができるようにする。

■ 単元の流れ

① 「五月」「十二月」で描かれている様子を色や形に落とし込み、スライドに表す。全員のスライドを一覧し、傾向をつかむ。→活用場面1

② 「イーハトーヴの夢」を読み、宮沢賢治の思いをふまえながら作品世界について話し合う。

③ 議論したことをふまえながら「五月」「十二月」の様子を再度スライドに表して世界観を捉え、考えを文章にまとめる。→活用場面2

思考を深める ICT の活用場面

ICT の何を、
どのように使うのか
➡
スライドを使って
テキスト情報を色や形に表すことで、短い時間で直感的にイメージに落とし込む。一覧表示を行い、交流や比較検討の質を高める。

子どもの変容
（子どもの振り返りより）
➡
スライドを使って作品をイメージ化することで、内容を理解したり、考えを深めたりすることができた。

スライドをもとに場面のイメージについて交流し、自分とは違う捉え方を知ることができてとても良かった。

活用場面 1

場面から分かる様子を簡単にスライドに表しましょう。

他の子のイメージを見たり、全体を並べたりしながら比べてみましょう。

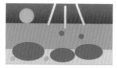

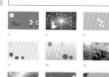

活動①：子どもが捉えた「五月」と「十二月」の2つの場面の様子を、スライド上に色や形で簡単に表す。

活動②：捉えた様子についてスライドをもとに交流し、イメージを深める。

活動③：全員のイメージを一つに集めて一覧する。

活動④：整理しながら全体の傾向をつかみ、テーマに迫る。

活用場面 2

話し合って分かったことをもとに、2つの幻灯をもう一度イメージ化してみましょう。

学習のねらい：再度イメージ化することで、集団思考による読みの変容や「やまなし」への理解の深まりを実感できるようにする。

✔ 子どもの姿から見えたこと

　活用場面1では、スライドの共有機能や一覧機能を活用することで、比較・検討の質が高まり、作品に対する読みが深まった。児童は画力に左右されることなく場面の様子をイメージに落とし込むことができる。スライドではシンプルな図形でしか表現できないため、児童は象徴的な内容にしぼって表そうとしていた。それにより、イメージをもとに世界観について話し合う際には、場面のテーマ性や「やまなし」や「かわせみ」に潜むメタファー等、本質的な内容に自然と向かっていく姿が見られた。また、個々のスライドを一つに集めることで一人ひとりの考えを手元で細かに見ることができ、主体的に自己の考えの形成に生かしたり、一覧機能によって全体の傾向を捉えたりする子どもたちの様子がうかがわれた。

　活用場面2では、場面の様子の可視化を再度試みることによって、児童が自身の考えの変容や深化を実感しながら、物語への関心や読解への意欲を高めていく姿が見受けられた。また、全体の傾向としても大きな変化があることに気付いていた。スライドの活用による共有の質の高まりが、児童の互いの考えの違いを認めつつ、共に作品世界の追究に粘り強く取り組もうとする姿勢にもつながった。

🔄 子どもの学び

活用場面 1

イメージ化していると、最初より少し内容が分かってきたかも。

最初は明るい感じがしたけれど、途中から暗い雰囲気が強くなったから色を半分で変えてみよう。

かわせみが急に入ってきた様子を、鋭い三角形で表現したよ。

みんなのイメージを並べると、全体的に「五月」は暗く、「十二月」は明るい。どうしてだろう。

● **活用場面1の子どもの振り返りより**
スライドにイメージしてみることで、全体的に優しい雰囲気なのか、暗い雰囲気なのかが分かりました。これから物語などを見ていく時に、今回したことを思い出して、色や形でその物語などをイメージできたら、想像の幅がもっと大きく広がるのではないかなと思いました。

活用場面 2

話し合いを通して内容が分かってきたから2回目はイメージ化しやすくなったよ。

1回目と比べて見ると、全体的に「五月」はより暗い印象になり嘴を表す鋭い三角形が増えたね。「十二月」は輝きを表す人が多くなったね。

● **活用場面2の子どもの振り返りより**
みんなでゴールにたどり着けて良かったです。自然の恐ろしさや喜びが表されていると思いました。読んだり考えたりすればするほど奥が深く、とても楽しかったです。
やはり意見が違う人や、意見は同じでも読み取った一節が違う人などがいて、みんなと意見交流することは大切だと思いました。これからも、難しい文章でも根気よく色々な視点から読んで行きたいと思います。

（教諭　前野翔大）

おすすめ本のポップ作り
―本の魅力を表現しよう―

スライド

■ 教材と単元のねらい

教　　　材：本のポップを作ろう（東京書籍1年）「デザインと文字」を考えよう（光村図書出版1・2・3年）
単元のねらい：本の魅力が伝わるポップを作成し、自分のポップの表現の工夫について説明することができる。

■ 単元の流れ

① 様々なフォント（書体）の特徴を確認する。→**活用場面1**
② 自分のおすすめ本の魅力を整理し、ポップを作成する。→**活用場面1**
③ 班でポップの発表や鑑賞を行い、気付いたことを共有する。→**活用場面2**

思考を深める ICT の活用場面

ICT の何を、
どのように使うのか

スライドを使って
様々なフォント（書体）や配置などを試しながら本の魅力を伝えるポップを作成し、そこで使用した表現の効果について話し合う。

子どもの変容
（子どもの振り返りより）

フォントによって印象や感じ方を変えることができるし、どういうことを伝えたいかを表現することができると分かった。

コメント機能だと他の人の意見を確認しやすく、気になったことも聞きやすかった。また、人によって感じ方が違うことがよく分かった。

活用場面1

学習のねらい：デジタル書体が持つ効果を確認して、各自でおすすめ本のポップを作成する。

どれが一番トトロっぽい？
その理由は？

本の雰囲気などを表現できるように、「いいな」と思うものをどんどん試してみよう。

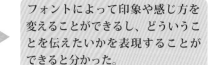

活動①：授業者が同じ言葉を様々なフォントで提示することで、生徒はフォントによって与える印象が異なることを確認する。
活動②：フォントが与える印象を活用しながら、本のポップを作成する。その際、直感的に「いいな」と思ったフォントを積極的に試しながら作成する。
活動③：ポップの完成後、「なぜそのフォントをいいと思ったのか」の説明文を書き、フォントの効果を再確認する。

活用場面2

学習のねらい：班の人とポップを鑑賞し合って、コメントを書き込む。
活動①：作成したポップを班ごとに1つのファイルにまとめ、お互いに感想をコメントし合う。その際、スライドのコメント機能を使用することで、全員の感想を一覧にして確認できるようにする。
活動②：その後、作成したポップを作成者が説明したり、鑑賞者が感想を伝え合ったりすることで、感じ方が人によって異なることを確認する。この時、作成者の意図に影響されずに、鑑賞者がポップを見て感じた印象をコメントできるように留意する。

班の人のポップで工夫していると感じた点や自分が感じた印象をコメントしよう。また、他の人のコメントを見て、自分との共通点や違う点を確認しよう。

✔ 子どもの姿から見えたこと

　活用場面1では、フォント（書体）の効果について、生徒は理解や思考を深めつつあった。ICTを活用すると、手書きでは再現が困難なフォントも試すことが可能となる。そのため、自分の中のイメージをより具体的に表現したり、その過程でフォントの理解を深めたりすることができる。そして、ポップの表現について説明文を書くことで、自分が感覚的に捉えていたものをより具体的かつ明確にし、思考を深めることにもつながった。

　活用場面2では、生徒は多様な表現に気付くことができていた。他人の意見と一目で比較できるコメント機能やポップの作成者の説明により、表現の仕方やその感じ方の幅の広さを実感することができ、多様な表現に気付くことにつながった。

　そしてこれらの活動を通し、生徒の創作活動への意欲が高まりつつあったように思われる。その理由は、ICTによる創作の取り組みやすさにある。ICTを活用すると、フォントや配置の変更が自由にできるため、国語の創作活動における課題であった手書きへの抵抗感が解消された。創作へのハードルが下がったことで、複数の生徒が手書きでもポップを作ってみたいと振り返りに記入していた。このようにICTの活用によって、フォント（書体）や配置に関する書写の知識を深めたり、自分の思い描くイメージを表現する力を養ったりすることが可能になると考えられる。

🔄 子どもの学び

活用場面1

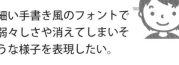

細い手書き風のフォントで弱々しさや消えてしまいそうな様子を表現したい。

不気味で少し怖い雰囲気を表現するために、少し滲んでいるようなフォントにしてみよう。

● 活用場面1の子どもの振り返りより

丸いフォントは優しい感じ、逆にギザギザしたフォントは戦っている感じがした。私の選んだ本は明るく、勇気をもらう物語だったので、丸いフォントやガシッとしたフォントにした。
本の雰囲気が伝わり、読んでみたいと思われる工夫をしながらポップを作成したい。

活用場面2

タイトルは太くて印象に残るけど、他は細いフォントだから繊細で儚い感じが伝わってくる。

恐怖感を持たせるために色を限定するのは私にはない発想だな。

● 活用場面2の子どもの振り返りより

他の人のポップを見て、そんな工夫があったんだ!!そんなフォントがあったんだ!!と新しい発見ができた。他の人からコメントをもらうことで、自分の工夫とみんなが気付いてくれたことが違う考えだったのが面白かった。学んだことを生かして、次は手書きでポップを作ってみたい。

（教諭　佐藤柾季）

<table>
<tr><td>**9年
国語**</td><td>**フリップ形式で段落をまとめよう**
―筆者の言いたいことを見える化しよう―</td></tr>
</table>

スライド

■ 教材と単元のねらい

教　　　材：(読む)〈構成と展開〉絶滅の意味（東京書籍中3年）
単元のねらい：論の進め方や説明の仕方について考えることができる。
　　　　　　　「読むこと」において、文章の種類を踏まえて、論理の展開の仕方などを捉える。

■ 単元の流れ

① 全体を通読し、内容を大まかにつかみ、筆者の言いたいことを文のまとまりごとにまとめる。
② ①から、筆者が述べる結論を3枚のスライドにまとめる。→**活用場面1**
③ 筆者の結論の要点を班の中で話し合い、発表する。→**活用場面2**

思考を深める ICT の活用場面

**ICT の何を、
どのように使うのか** ▶▶ **スライドを使って**
スライドのページを班内で共有し、協働編集を行う。その中で、筆者の伝えたいことや考えに気付き、説得力を高めるための論の進め方について話し合い、理解する。

**子どもの変容
（子どもの振り返りより）** ▶▶

スライドを使って発表するために短文で説明することができるし、違う班のまとめ方も知ることができるので失敗したところや改善点を意識して次の発表に取り組んでいきたいと思いました。

スライドはあくまでも説明の補助であることが分かった。
ぱっと見て内容を理解してもらえるようにまとめることが簡単にできるようになりたい。

活用場面1

学習のねらい：子どもが文章を構造的に読み取り、読み方や捉え方を深め、論点を明確につかむ。
活動：論説文の結論を3人一組のグループで3枚のスライドにフリップ形式でまとめる作業を行う。その際、1枚のスライドの説明時間が20秒間であることを意識し、他者に論点を分かりやすく伝えるために図や矢印などを活用する。

筆者のいちばん言いたいことは「生物の絶滅は不可逆的なもの」ということだから、その考えに最終的に至るよう、「筆者への反論や分かりやすい例」、「その反論を受けた筆者の考え」、「結論」となるようスライドを編集しよう。

活用場面2

学習のねらい：他者に伝わりやすい表現を工夫する。
活動：単元の流れの②でまとめたスライドを活用して、クラス全体へ発表する。その際、まずは、説明内容のポイントを端的に図式化して示したものがフリップであることを把握する。次に、表現の方法や、図表の活用の仕方によって、同じ教科書の文章であっても、聞く人、見る人に与える印象が変わることに気付く。

スライドは、説明というより「説明のための簡単な図」ということを念頭に置いておこう。
三つのスライドを活用して、筆者の述べたいことを要約し、説明しよう。

✔ 子どもの姿から見えたこと

　活用場面1では、論点を明確に把握し、伝えるための協働編集によるスライドの作成により、生徒が一人では思いつかなかったり、たどり着かなかったりした理解や思考を得られ、読解の質を高めることができたと考えられる。その中で、生徒たちは「分かりやすく説明するためには、自らがより深く理解する必要がある」ことに気付き、読みを深めていったようである。読みが不完全で本文を抜き出すだけであった生徒も、協働編集の中で他の班員からアドバイスを受けたり、他の班員のフリップを見たりして何をどう伝えればいいのかを理解できつつあった。その結果、定期テストにおける本単元の記述式問題の正答率は他の問題よりも高かった。また、「他の単元の論説文よりも深く読めた」との振り返りが多く見られた。

　活用場面2では、分かりやすい説明や発表の仕方について、他のグループの発表から理解を深めると同時に、「分かりやすさ」にも多様性がある点を学んだ。ICTを用いることで図式化しやすくなり、それを活かしたスライドづくりに取り組んだが、同じ文章の要約であっても、「説明の仕方や使う絵が」異なり、そこに多様な思考がある点を「面白い」というように価値づけて読み取っている生徒もいた。

　これらの教え合い活動の中で、コミュニケーション力、説明する力、表現力が増しつつあったのではないかと思われる。

🔄 子どもの学び

活用場面1

文章を読み、簡潔に図式化するという点で、各自が「読み」をより深いものにできていたようである。また、スライドを共有する過程で、要約の方法や、どの文が重要であるかの教え合いができた。

筆者の掲げるラッコの例以外に
同じような例はないだろうか？
調べてみよう。

　　最後の一言は、やっぱり筆者
　　の一番言いたいこと、「生物
　　の絶滅は不可逆的」やな。

◯ 活用場面1の子どもの振り返りより

・どうしてもスライドにすると、字で説明しようとしてしまうけれども、パッと見て理解できるように編集しないといけないと思った。
・筆者の述べる生物の絶滅について自分達でしっかりまとめて考えたので理解しやすかったです。
・一人で考えるより、班員がアドバイスをくれたので、まとめやすかった。

活用場面2

同時に複数の生徒がグループで読むことにより筆者が述べたいことを複数の目で発見し、読みを深めることができた。

スライドを読むだけだと、時間を
オーバーしてしまう。

「分かりやすく」の究極は、一目
見て分かることだと思った。

 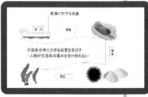

◯ 活用場面2の子どもの振り返りより

・同じ文章を要約しただけでも、説明の仕方や、使う絵が班によってそれぞれ違うのが面白いと思った。
・図式化することでより、分かりやすく伝えられ、より理解を深められることが分かった。
・班ごとに発表したことで知識がより深まったと思うので、これからも発表する機会を大切にして将来にも活かしたいです。

（教諭　井上佳尚）

5・6年 国語・算数 — 思考を支える基礎となる能力の育成 —漢字・計算フラッシュ—

スライド

■ 教材と単元のねらい

教　　材：漢字フラッシュ・計算フラッシュ（自作）
単元のねらい：物的時間的負荷を軽減しながら、効率よく基礎学力の定着を図る。

■ 単元の流れ

① 漢字フラッシュ…熟語の読み方・書き方の練習　→活用場面1
② 計算フラッシュ…四則計算の練習　→活用場面2

基礎学力を定着させる ICT の活用場面

ICT の何を、
どのように使うのか ▶▶

スライドを使って
教師が作成したフラッシュカードのスライドショーで繰り返し練習を行い、語学力や計算の正確さ、速さの向上に取り組む。

子どもの変容
（子どもの振り返りより） ▶▶

正確に新出漢字を覚えることができたり、計算を素早く正確にできたりするようになった。

既存の漢字と計算以外にも四則以外の問題や英単語や社会科のフラッシュも作ってみんなでしてみたい。

活用場面1

一斉に声に出して読み仮名を答えましょう。

漢字が隠れた時は空書きで素早く書きましょう。

何度も練習して覚えていきましょう。

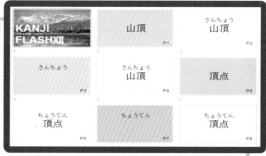

活動①：声に出して読んだり、空書きしたりしながら新出漢字を自分のペースで覚える。
活動②：隙間の時間を見つけて何度も繰り返し練習することで定着を図る。

活用場面2

しっかり声に出して解答しましょう。ベストタイムをめざしましょう！ヨーイスタート！

終わったら別のフラッシュをしたり、授業の準備をしたりしましょう。

活動①：自分のやりたいフラッシュカードを選び、時間がかかっても気にせず声に出して取り組む。早く終わった児童は授業の準備や別の練習をする。
活動②：子どもたち自身で数値を変えたり自作のフラッシュカードをスライドを用いて作成したりして、みんなに紹介する。

✔ 子どもの姿から見えたこと

　活用場面1では、これまで漢字練習帳やプリント等を使用して取り組んできた反復練習を、フラッシュカード形式でスライドショーにすることによって、プリントによる反復練習にかかる時間的負担を減らすことができた。授業の冒頭に何度も繰り返し粘り強く取り組んだことで基礎学力の定着につながったと考えられる。

　活用場面2では、高学年時に四則計算を短時間で効果的に復習することで基礎学力の定着を図ることをねらいとしている。全員で同時に行うことで基本的な計算に不安のある児童も安心して取り組めた。また、その日の内容や難易度を自分で選べるようにたくさんのスライドを準備しておくことで、児童に目的意識と向上心を持たせながら継続できている。

　ここでは、漢字や計算の使用例を提示したが、スライド自体の編集が容易であるため自分で作ることもできる。児童が作成したスライドに取り組むことによって、協働性を高めることができたり外国語や社会科等の他教科における語句の定着に活用したりするなど、児童の学習意欲に応じて使用の可能性が拡がっていくものと思われる。

🔄 子どもの学び

活用場面1

何度も繰り返し取り組んだことで間違わなくなった。

ノートに書きとるより短い時間でたくさん覚えられる。

簡単に作ることができるから英単語スライドや社会科のスライドも作ってみようかな。

● **活用場面1の子どもの振り返りより**
漢字ノートの宿題よりも簡単に始められて書くこともないので、時間をかけずに繰り返し勉強がしやすいので覚えやすいと思いました。漢字以外に英語や社会科でもフラッシュを作ってみたいと思いました。

活用場面2

今日はわり算が出てくるからわり算を練習しよう！

分数の勉強だけど去年の約分が難しかったから、スライドを作って紹介しよう。

ベストタイム更新だ！他のも同じように頑張るぞ！

● **活用場面2の子どもの振り返りより**
20秒を目指して繰り返しやっていきたいです。友だちのなかには10秒台でできる人もいてすごいと思いました。私はかけ算が苦手だから、かけ算をいつも練習して、大体覚えられました。

（教諭　小林剛基）

スーパーマーケットのひみつを調べよう
―お客さんを集めるための工夫を考えよう―

■ 教材と単元のねらい

教 材 名：わたしたちのくらしとまちではたらく人びと
店ではたらく人びとの仕事（日本文教出版3年）

単元のねらい：販売の仕事は、消費者の願いをふまえ売り上げを高めるよう工夫がされていることを理解する。働いている人の仕事の様子を捉え、それらの仕事における工夫を考え表現する力を育てる。

■ 単元の流れ

① 家の人たちがよく買い物をするのはどのような店か考える。
② スーパーマーケットの工夫を予想し、見学の計画を立て、見学する。→活用場面1
③ 分かったことをまとめ、発表する。→活用場面2

〜〜 思考を深める ICT の活用場面

ICT の何を、どのように使うのか ▶ **Jamboard とスライドを使って**
予想される工夫を Jamboard に自由に書き込む。
分かったことを写真と文章でスライドにまとめる。

子どもの変容（子どもの振り返りより） ▶ 自分の意見を Jamboard に書き込むことで、友だちと色々予想を出し合うことができました。 | 見学して分かったことをスライドにまとめることで、写真と文章で分かりやすくまとめることができました。

活用場面 1

スーパーマーケットはお客さんに来てもらうためにいろいろな工夫をしています。どんな工夫をしているのか、予想を Jamboard に書きましょう。

活動①：グループに分かれて調べるテーマ（①スーパーマーケットのまわりの様子②品しつをたもつくふう③ねだんのくふう④品物のならべ方のくふう）を決める。
活動②：Jamboard を使用し、それぞれのテーマごとに、スーパーマーケットの工夫についての予想をまずは個別にデジタル付箋に書き込む。
活動③：グループで Jamboard を共有し、活動②の付箋を貼り付け、それをもとに話し合う。
活動④：クラス全体で予想したことを共有し、スーパーマーケットに実際に見学に行って確かめる。

活用場面 2

スライドに分かったことを写真と文章でまとめましょう。どうしてそのような工夫をしているのか理由も書きましょう。

活動①：見学後、メモをもとに、グループで見つけたことや分かったことを話し合う。
活動②：その話し合いをもとに、スライドを使って、どんな工夫があったのか、どうしてそのような工夫をしているのかをまとめる。
活動③：作ったスライドを使ってクラスのみんなに発表をする。

✔ 子どもの姿から見えたこと

　Jamboard では、簡単に自分の意見を付箋に追加・削除することが可能となるので、普段なかなか発表しにくい児童も Jamboard には自分の意見を自由に書きやすくなった。また、**活用場面1**のように、班で予想を共有したことで、友だちの様々な意見と比較しながら予想を立てることができつつあった。そのため、その後の全体発表の場でも自分たちの予想したことを意欲的に発表していた。したがって、Jamboard の活用によって、友だちと思考を深め合い、スーパーマーケットでの見学の視点をより明確にすることができたと言える。

　スーパーマーケットの見学後は、見学して分かったことをスライドにまとめて発表した。**活用場面2**のように、スーパーマーケットの工夫として適切な写真を選択し、見学して分かったことと関連づけながら考えをまとめるができた。スライドを使うと写真と文章が簡単にまとめられるので、意欲的にスライドを増やして発表原稿を作成する児童の姿も見られた。発表を聞く児童にとっても視覚的に分かりやすく、自分たちが調べた工夫と結びつけて考えやすくなっていた。

　今回、スーパーマーケットを見学して分かったことを見学メモやノートにまとめるだけでなく、ICT を活用して学習したことで、さらに児童の思考を深めることができたと言える。

🔄 子どもの学び

活用場面 1

品物の名前の看板がたくさんあるのは分かりやすいからかな。付箋に書いてみよう。

Jamboard って簡単に貼ったり、消したりできて便利だな。

友だちはどんなことを予想しているのかな。サービスカウンターって何だろう。

● 活用場面1の子どもの振り返りより
Jamboard を使って予想することで、スーパーマーケットの工夫をみんなで一緒に考えることができました。分からないことがあったので、見学に行って確かめたいです。

活用場面 2

買い物がしやすいようにお買い得商品は目立つところにあったよ。この写真を使うと分かりやすいな。

写真があると、聞いている方も分かりやすくていいな。

● 活用場面2の子どもの振り返りより
スライドを使っての発表は、写真と言葉で説明されているのでとても分かりやすかったです。スーパーマーケットでは、たくさんのお客さんに買いに来てもらうために、いろいろ工夫していることが分かりました。

（教諭　田中真奈）

5年 社会

米作りのさかんな地域
—米作りがさかんな理由を考えよう—

教材と単元のねらい

教　　　材：米作りのさかんな地域（日本文教出版 5 年）
単元のねらい：庄内平野の米作りを事例に、米作りが自然条件をいかしながら、人々の努力や工夫によって行われていることを捉える。

単元の流れ

① 米を使った料理や製品について話し合い、米の産地を調べ、学習問題をつくる。
② 庄内平野の米作りについて調べる。→**活用場面 1**
③ これまで調べたことを思考ツールを使ってまとめる。→**活用場面 2**

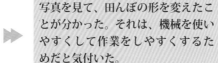

思考を深める ICT の活用場面

ICT の何を、どのように使うのか ▶

Jamboard を使って
写真を提示し、気付いたことを書き込むことで大量生産の工夫を考える。
単元を通して分かったことを思考ツール（フィッシュボーン図）にまとめる。

子どもの変容（子どもの振り返りより） ▶

写真を見て、田んぼの形を変えたことが分かった。それは、機械を使いやすくして作業をしやすくするためだと気付いた。

分かったことを図にまとめたことで、地形や気候の特色だけでなく、農家やそれを支える人の工夫や努力で大量生産ができることが分かった。

活用場面 1

庄内平野で大量に米を生産できるのはなぜだろう。写真を見て気付いたことはあるかな。

学習のねらい：圃場整備の様子を電子黒板とタブレット上に表示しながら、田んぼの形を変えていることを視覚的に捉える。さらに、なぜ形を変えたのかを考えることで、機械を使った効率的な作業が可能となり、大量生産ができることを捉えていく。
活動①：田んぼの形が変わったことに気付く。**活動②**：Jamboard を用いて、自分の気付きをデジタル付箋に書いて共有する。**活動③**：活動②にもとづいて、意見交流を行う。

活用場面 2

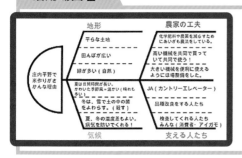

なぜ、庄内平野では米作りがさかんなのだろうか。これまでの学習から考えて、まとめよう。

活動①：これまでの学習を振り返りながら、改めて「なぜ、庄内平野で米作りがさかんなのか」をまとめる。
活動②：ノートを見返しながら、理由となることを簡条書きにして思考ツール（フィッシュボーン図）上に整理する。

✔ 子どもの姿から見えたこと

　活用場面1では，今と昔の田んぼの様子に関する資料の提示をICT活用により行うことで，手元で拡大して資料をよく見たり，気付きを書き込んだりすることが可能となり，子どもたちは主体的に学習に取り組んでいたと思われる。その結果，米の生産には自然条件だけではなく，人々の工夫や努力がなされているという気付きを得ることができた。その気付きを共有する際には，Jamboardを用いて，自分の気付きを付箋に書いたことで発表による授業展開よりも多くの意見を短時間で集めることができ，広く深い意見交流が見られ，他者と意欲的に関わることにつながった。

　活用場面2では，地形や気候を生かした産業を行っていることに加え，生産についての工夫や努力について，ノートを振り返りながらJamboard上のフィッシュボーン図に整理していった。Jamboardを使うと書き込んだ内容の変更や追加，削除が容易であるため内容も洗練されていった。そのプロセスでは，複数の要因を関連付けながら米作りに迫ることが容易になり，多面的に物事を捉えたり論理的に思考したりする力を伸ばすことができた。

🔄 子どもの学び

活用場面1

田んぼの形がきれいになっている。
大規模な工事は，農家だけではできないな。

田んぼの間の道も広くなっていることが分かる。トラクターなどを田んぼに入れることができそう。

● 活用場面1の子どもの振り返りより
圃場整備をすることで機械を使いやすくなり，作業を効率よくできる。農家同士で協力していることを初めて知った。みんなで協力してお米を作っていることが分かった。さらに，県や市とも，協力して，大量のお米が作れると分かった。

活用場面2

これまでの授業のまとめを振り返りながらまとめていこう。

沖縄県や海津市の人たちと同じように，地域の地形や気候を生かした農業をしているな。

地形や気候だけでなく，農家の人も工夫していた。それを支えている人たちもいたな。

● 活用場面2の子どもの振り返りより
気候や地形が米作りにとてもあっている庄内平野だからこそ，お米はたくさん生産できるんだなと思った。また色々な工夫をしており，それを大量生産につなげている。そして支える人たちもいて，僕らの食べる美味しいお米ができるんだなと思った。

（教諭　糺雅仁）

日本の諸地域（中国・四国地方）
―ICT を活用した地域の自然環境の読み取り―

GIS（地理情報システム）

■ 教材と単元のねらい

教　　　　材：中学生の地理（帝国書院）、地理院地図（国土地理院）

単元のねらい：中国・四国地方の地形や気候の特色を理解できる。

■ 単元の流れ

① 「なぜ瀬戸内地域には多くため池が見られるのか。」と問いの提示を行う。

② デジタル教材を用い、気候の特色を理解する。→**活用場面1**

③ GIS（地理院地図）を活用し、地形の特色を理解し、気候との関係を考察する。→**活用場面2**

思考を深める ICT の活用場面

ICT の何を、どのように使うのか ▶ **デジタル教科書や GIS を使って**
異なる地点の雨温図の比較や、地形の特色の読み取りを行う。

子どもの変容（子どもの振り返りより） ▶
2地点の雨温図を重ね合わせ比較することで、降水量や気温の違いが分かりやすかったです。

平面の地図から立体をイメージするのは難しいが、色別標高図や断面図を活用することでその高低差などを理解することができました。

活用場面1

山陰（鳥取市）、瀬戸内（高松市）、南四国（高知市）の雨温図を重ね合わせて比較してみよう。

学習のねらいと活動：デジタル教科書内の教材を端末で操作し、山陰（鳥取市）、瀬戸内（高松市）、南四国（高知市）の雨温図を重ね合わせ機能を用いて比べ、その違いを確認する。

活用場面2

雨温図を確認した3つの地点をつないだ断面図を作成し、どのような地形の特徴があるか確認しよう。

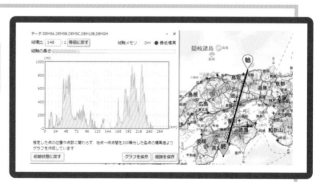

学習のねらいと活動：GIS（地理院地図）を活用し、中国・四国地方の断面図を調べることで、香川県高松市がある瀬戸内地域は、南北を山地によって挟まれていることに気付く。

✔ 子どもの姿から見えたこと

　本授業では、問いに対する仮説を検証する際の資料としてデジタル教科書のデジタル教材や、GIS（国土地理院　地理院地図）などを活用した。ICTを用いると、様々な資料を収集しやすくなり、拡大・縮小機能によってそれらを見比べやすく調整することができるようになる。また、重ね合わせ機能やコメント・矢印等の書き込み機能により、資料を関連付けしやすくなる。これらによって、なぜそのような社会的事象が起きるのか、事象間の関連性や因果関係に着目しやすくなり、仮説検証のための活動が促進され、生徒の理解が深まりつつあったと考えられる（**活用場面1**）。また、一部の生徒の中には、土地の起伏を理解する際、断面図を作成することで立体的に地図を読み取ることができるようになった様子が見受けられた（**活用場面2**）。

　そのような生徒の中には、他の地域を学習した際にも同様の手段で検証を試みる生徒も見られた。他の地域でも同様の事象が見られることに気付くと概念的な知識へと発展していくと考えられる。今回は地形と気候の関係に注目したが、さらにその地域に見られる人々の生活や植生の様子など関連付けて学習することで思考の広がりや、学習意欲の高まりへとつなげることが可能である。

◯ 子どもの学び

活用場面1

高松市のある瀬戸内地域は、鳥取市のある山陰地域に比べて、一年を通して降水量が少ないことが分かる。

高松市のある瀬戸内地域は、高知市のある南四国地域に比べて、一年を通して降水量が少ないことが分かる。

● 活用場面1の子どもの振り返りより

高松市のある瀬戸内地域では、一年を通して降水量が少ないため、ため池が多く作られていることが分かった。しかし、なぜ地域によってこのような気候の違いが見られるのか疑問に思った。他の地域も調べてみたいです。

活用場面2

瀬戸内の地域は南北を2つの山地・山脈に挟まれている。

夏は南東、冬は北西の季節風が山地・山脈によって遮られている。

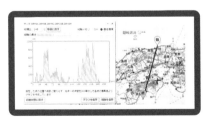

● 活用場面2の子どもの振り返りより

瀬戸内地域は北側を中国山地、南側を四国山地に挟まれている。そのため夏は南東、冬は北西の季節風が山地に遮られるため、降水量が少なくなることが分かった。気候の特色は地形との関係が深いことが分かったので、他の地域でも調べてみたいです。

（教諭　佐竹弘佑）

9年 社会 ○○市のまちづくりを考える
―意見を出し合い、まとめよう―

■ 教材と単元のねらい

教　　　　材：中学生の公民（帝国書院）
単元のねらい：地方自治や民主政治を発展させるために、私たちはどのように政治参加するべきか考える。

■ 単元の流れ

① ○○市をよりよくするアイデアを、班ごとのJamboardに出し合う。→活用場面1
② 活動①であげたアイデアが、歳出のどの項目にあてはまるか考える。
③ スライドを使って班ごとに予算案の円グラフを作成し、発表する。→活用場面2

思考を深めるICTの活用場面

ICTの何を、
どのように使うのか
▶▶ **Jamboardとスライドを使って**
○○市をよりよくするアイデアを出し合う。
アイデアをもとに○○市の予算を作成し、クラスで共有する。

子どもの変容
（子どもの振り返りより）
▶▶ Jamboardを使うことで意見は出しやすくなり、いつもより積極的に班活動に参加できた。

スライドを使うことで、誰でも短時間でグラフを作成することができ、話し合いのまとめが円滑に行えた。

活用場面1

活動①：事前にクラス全員から○○市の抱える課題についてアンケートをとり、本時の導入でテキストマイニングしたアンケートの回答を提示する。
活動②：活動①によって課題をクラスで共有したのち、○○市をよりよくするアイデアを班ごとのJamboardに出し合う。
活動③：同じ内容や関連のある内容ごとにグループ分けし、グループにタイトルをつける。
活動④：グループごとに「関連」や「対立」など、関係性が一目で分かるようにJamboard内の配置を工夫する。

各アイデアの中に、他方面に悪影響を及ぼす可能性があるものはないだろうか。

各グループの「関連」や「対立」の関係性に注意してまちづくりを考えていこう。

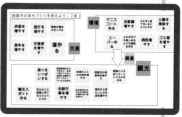

活用場面2

活動①：活用場面1で作成したJamboardをもとに、効率・公正の見方・考え方を用いて、予算案のうち、どの歳出項目を優先するか班で話し合う。
活動②：話し合った内容はスライドを使って円グラフにまとめ、○○市の予算案を完成させる。なお、予算案のうち、公債費、総務費については、実際の○○市の令和4年度予算の数値を参考にし、現実に則した提案ができるようにする。
活動③：完成したスライドは、電子黒板に映して班ごとに内容を発表する。

限られた予算の中で、皆のアイデアを実現することはできるだろうか。どの歳出項目を優先すればいいだろうか。

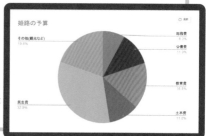

✔ 子どもの姿から見えたこと

　活用場面1では、Jamboard を使用することで意欲的に意見を出すことができた。それだけでなく、多様な他者の意見を尊重して自分の考えを膨らませたり、新たな視点で再考したりできる生徒もいた。また、同じ内容や関連のある内容ごとに意見をグループ分けし、グループ間の「関連」や「対立」を示すことで全体像がつかみやすくなり、批判的に思考する生徒もいた。

　活用場面2では、スライドを使用することで対立やジレンマを克服しようと粘り強く考えることができた。数値を入力するだけで円グラフが完成するため、班員と話し合いながら試しに数値を入力してみる生徒も多かった。そして出来上がった円グラフを見てもう一度話し合う、という試行錯誤を繰り返し、よりよい予算案をつくろうとしていた。紙媒体ではやり直しが難しいことも、ICT を活用すると容易に行うことができるため、粘り強く作業に取り組むことができた。また、班員の意見を取り入れて予算案をつくることは想像以上に大変な作業であることを実感し、意見の対立やジレンマを克服する力が高まりつつあったように見受けられた。

🔄 子どもの学び

活用場面 1

同じ内容のアイデアでグループ分けすると全体の特色をつかみやすい。

○○市をよくするためのアイデアでも対立し合うものもある。

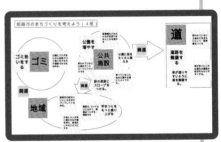

●活用場面1の子どもの振り返りより

Jamboard を使ったことで、短時間で多くのアイデアを出したり他の人のアイデアも知ったりすることができた。同じ内容ごとにグループ分けをするのは難しかったけど、各グループの関係性がつかみやすくなった。

活用場面 2

限られた予算の中から、皆のアイデアを実現させるのは難しい。

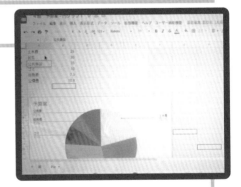

パーセンテージを入力するだけで円グラフが作成できる。様々なパターンの予算案を作成してみよう。

●活用場面2の子どもの振り返りより

班員のアイデアを全て実現させようとすると各歳出項目の割合に大きな偏りができてしまった。でも円グラフは簡単に作れるから、何度もやり直しをすることでよりよい予算案を作ることができた。

（教諭　坪田由樹子）

10より おおきい かず
―タブレット上の数図ブロックをうごかして―

■ 教材と単元のねらい

教　　　　材：10より おおきい かず（啓林館1年）

単元のねらい：Jamboardを使ったタブレット上の数図ブロックの操作を通して、20までの数の数概念や、数の大小・数の系列を理解し、「10といくつ」という数構成の考え方にもとづいて、加減計算をしたり、数を表したりすることができる。

■ 単元の流れ

① 20までの数の読み書きをしたり、数の大小を比べたりする。

② 20までの数が、10といくつで構成されているか考える。→活用場面1

③ 1から20までの数を数えたり、数直線上に並べたりする。→活用場面2

思考を深める ICT の活用場面

ICTの何を、どのように使うのか　▶　**Classroom と Jamboard を使って**
Classroom に配布した Jamboard を使って課題に取り組む。
タブレット上の数図ブロックを操作して20までの数について考え、児童のスライドを STUDYNET（スタディネット）で全体に共有する。

子どもの変容（子どもの振り返りより）　▶　友だちが動かしているのを見ながら、一緒に動かしたよ。●が順番に増えているのに気付いたよ。　　　数の線を見ながら考えたら、数が小さくなっている問題があることに気付いたよ。

活用場面 1

11～20の数字の横に、数字に合う数だけ、●を並べてみましょう。

並べて気付いたことはありますか。数字が大きくなると●の数はどうなっていますか。

学習のねらいと活動①：Jamboard で20までの数字に合った●を□の中に並べて、10といくつという数の構成を視覚的に理解することで、数概念を養う。**活動②**：STUDYNET を通じて全体に共有された友だちのJamboard を見ることで、互いの考え方や操作方法について対話する。

活用場面 2

書いてある数字をヒントにして、□に当てはまる数を動かしましょう。分からない時は、数の線を見て考えてみましょう。

1問目は、数の線が右へいくと数がだんだん大きくなっていましたね。2問目も同じかな。よく見てみましょう。

活動：Jamboard を使って、1から20までの数を数直線の上に並べる。その際、授業者は、練習問題として、数を順番に並べた問題、2ずつ5ずつ大きくなる問題、小さくなる問題などを用意しておく。また、問題を解く際には、前のフレームの問題に戻ったり、友だちのJamboard をヒントにしたりしながら考えてもいいと声をかける。

✔ 子どもの姿から見えたこと

　児童は、これまでの物体の数図ブロックでの学習より集中して学習に取り組むことができた。従来の操作活動では、机上に数図ブロックがあることで集中が逸れてしまうことが多かったが、タブレット上の数図ブロックを使用することで、集中して学習に取り組む力が身に付いた。また、書き直しが容易になったことで、思考が途切れることなく問題に取り組むことができた。それにより間違えた際だけでなく**活用場面2**のように、問題を解いた後に一度消して違う方法で解き直すなど、児童は粘り強く問題に向き合う姿勢を身に付けつつ主体的に学習に取り組めるようになっていた。

　また、ICT活用により数を確実に可視化することができた。従来は、ブロックの個数が限られていたため、数を視覚的に比較することに限界があった。しかし、**活用場面1**のようにタブレット上の数図ブロックを使うことでブロックの個数制限が無くなり、児童は視覚的に比較しながら数の構成について考えることが容易になった。それにより数の概念を養うことができ、問題の内容を具体的に想像しながら学習に取り組む力を身に付けつつあった。

　さらに、児童の対話の場面が促進された。Classroom の課題機能を使用し教師が児童の操作の様子を一括管理することで、STUDYNET（スタディネット）を通してリアルタイムで全体に共有することが可能となった。児童は互いの考え方や操作方法が視覚的にイメージできるため、対話を重ねながら学習するなど、他者とのコミュニケーションを通して学びを深化させる力を身に付けつつあったと考えられる。

🔄 子どもの学び

活用場面 1

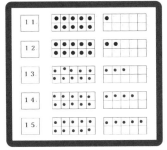

数が大きくなると、●が階段みたいに1つずつ増えていることに気付いた。

11は10のかたまりと1でできている。
12は10のかたまりと2でできている。
12は、11より●が1こ多いな。

活用場面1の子どもの振り返りより
・数が大きくなると、右側の●が増えた。階段みたいに●がならんでいた。
・11は10のかたまりと1でできているんだ。12は11より●が1つ増えている。

活用場面 2

丸で囲みながら数えると数えやすい。
2ずつ数えられた。次は、5ずつ数えてみよう。

右にいくと1ずつ大きくなっていることに気付いた。あれ？　次の問題は、大きくなっていないな。

活用場面2の子どもの振り返りより
・2個ずつ・5個ずつ丸で囲みながら数えることができたよ。間違えたら消しゴムで消すよりきれいに消せた。2個ずつ数えられたから、消して次は5個ずつ数えるのにも挑戦してみよう。
・前のページに戻って数の線を見ながら考えたら、だんだん小さくなる問題もできたよ。

（教諭　西涌真央）

図形の定義や性質を理解する
—Jamboard で図形の特徴を主体的に発見—

■ 教材と単元のねらい

教　　　材：三角形と四角形（啓林館2年下）

単元のねらい：三角形や四角形について、観察を通してその分類や意味を理解し、構成要素を調べたり図形や構成したりすることを通して平面図形の性質やその見方・考え方を捉えることができるようにする。また、学んだことを生活や学習に活かすことができる。

■ 単元の流れ

① 図形を分類し、図形の特徴を捉える。**→活用場面1**
② 図形の定義や性質を捉え、図形の操作や作図などの活動を通して理解を深める。
③ 身のまわりの三角形や四角形を見つける。**→活用場面2**

〰〰 思考を深める ICT の活用場面

ICT の何を、どのように使うのか ▶▶
Jamboard を使って
図形を画面上で分類し、図形の特徴について気付いたことを書き込んで定義や性質を主体的に捉えやすくする。

子どもの変容（子どもの振り返りより） ▶▶
図形を仲間分けして比べたことで、三角形や四角形の決まりに気付くことができました。気付いたことを書き込めたので説明しやすかったです。

身のまわりにいろいろな三角形や四角形があると分かりました。写真に辺や頂点を書き込んで確認できてよかったです。

活用場面1

できた形を2つのグループに仲間分けをしましょう。

事前準備：図形を Jamboard 上で2つのグループに分類し、なぜその仲間に分けたのかという根拠について気付いたことを簡単に書き込めるようにする。
活動①：仲間分けをする。
活動②：仲間分けをする際に気付いた図形の特徴を、図形の定義や性質に結び付けて考え、画面上に書き込む。
活動③：書き込んだことを活用しながら、気付いたことを説明しあう。

活用場面2

ここが正方形だよ。

身のまわりの三角形や四角形を見つけて写真を撮りましょう。

写真を Jamboard に貼り、辺や頂点に色を付けましょう。

活動①：身のまわりの三角形や四角形を探し、見つけたものを写真で撮る。
活動②：写真を Jamboard に貼りつける。
活動③：写真の辺や頂点に色を付け、図形の定義や性質を身のまわりの事象と結び付けながら再確認する。

✔ 子どもの姿から見えたこと

　活用場面1では、子ども自身が図形の特徴を主体的に見つけようとする意欲をもち、粘り強く授業に取り組む姿勢が見られた。その理由は、ICTを活用することで、第1に、図形を切る等の作業時間が大幅に短縮でき、観察・思考する時間を多く確保できたためである。その中での図形を比較・分類する場面では、図形の定義や性質をただ覚えるだけではなく、注意深く観察し、自らが見つけた図形の特徴を定義や性質と結び付けて思考することができた。これは、批判的思考の素地を育成することにもつながったのではないかと考える。

　第2に、図形の分類における気付きを書き込みやすく、また、個人の思考がJamboard上に整理されやすくなったためである。その結果、その後の意見交流における説明がスムーズになり、活発に意見交流を行ったことで子どもたちの協調性、協働性が高まりつつあったと感じる。また、子どもたちは、Jamboardに整理した三角形や四角形の構成要素と見比べながら作図を行うといったように、自己調整しながら学習を進められた。

　活用場面2では、子どもたちが身の回りの事象に対して今まで以上に好奇心をもち、日常生活と結び付けて学習内容を理解し、さらに学習したことを日常生活に応用していくという学習サイクルを作り出すきっかけを作ることができた。

🔄 子どもの学び

活用場面 1

三角と四角に仲間分けしたよ。
三角形は3本、四角形は4本の直線で囲まれているね。

図形を囲む直線が辺なんだ。
三角形は3本、四角形は4本
あるよ。

活用場面1の子どもの振り返りより
・自分で図形を動かすことができたので、三角形と四角形の違うところに気付くことができました。辺や頂点という名前を初めて知ったので忘れないようにしたいです。
・友だちの説明を聞いて、自分では気付かなかったところが分かってよかったです。

活用場面 2

教科書は四角形だと思う。窓ガラスや黒板もそうじゃないかな。三角形もないか探してみよう。

この四角形は、もしかすると
正方形かもしれない。角の形
が直角に見えるよ。

活用場面2の子どもの振り返りより
・今まではそんなに気にしていなかったけど、自分のまわりにはたくさんの三角形や四角形があると分かりました。辺や頂点という言葉をもう一度確認できたのでよかったです。
・友だちは他にもたくさん見つけていてすごいなと思いました。
　家に帰ってからも探してみたいと思います。

（教諭　髙島竜太）

<table>
<tr><td>**3**年
算数</td><td>**分数のたし算**
―事象を比較し、思考を書き込む―</td></tr>
</table>

Jamboard

■ 教材と単元のねらい

教　　　　材：分数（啓林館　3年下）

単元のねらい：単位分数の何個分という考え方をもとに、図と関連づけながら、言葉と式で同分母分数のたし算の仕方を考え、説明することができる。

■ 単元の流れ

① 分数のたし算でも、前時までと同じように図や数直線を使って考えればよいことを確認する。

② 図や数直線を使いながら、同分母分数のたし算の仕方を考える。→**活用場面1**

③ Jamboard を見せながら、ペアや全体に説明する。→**活用場面2**

✕✕✕ 思考を深める ICT の活用場面

**ICT の何を、
どのように使うのか** ▶▶ **Jamboard を使って**
図を動かしたり考えを書き込んだりし、それを使って説明することで、子どもたちの思考を可視化する。

**子どもの変容
（子どもの振り返りより）** ▶▶ 図と数直線のうち、自分が考えやすい方を選べたことがよかったです。私は図を動かして考えると分かりやすかったです。 | Jamboard を使うと、ペアの人だけではなく、クラス全体にも書き込んだスライドを見せながら発表できるところがよかったです。

活用場面1

算数「分数」の Jamboard を開きましょう。図と数直線のうち、自分が考えやすい方を選んで、動かしたり書き込んだりしながら、分数のたし算の仕方を考えてみよう。

事前準備：Jamboard の1ページ目に1Lますの図、2ページ目に数直線を背景に設定し、Classroom で児童に配布する。それぞれのページに、ジュースを表すオレンジ色の図を動かせる状態でおいておく。**活動①**：オレンジ色の図1つが、もとになる大きさを表していることを理解する。**活動②**：分数のたし算の仕方を考える。「たし算だからオレンジ色の図を動かせばいいんだ。」「5つに分けた1つ分が2個あるから……。」と既習事項とつなげながら、図を動かし、考えを書き込んでいく。

活用場面2

書き込んだスライドをペアの人に見せながら、考えを説明しましょう。電子黒板に映して、みんなにも発表できるかな。

活動①：書き込んだスライドを見せながら、分数のたし算の仕方について、自分の考えを伝える。**活動②**：伝え合う中で、図、数直線のどちらを使っても「$\frac{2}{5}$は$\frac{1}{5}$が2個分」のように、もとになる大きさの分数がいくつ分かという単位分数としての考え方を使い、求められることを学ぶ。**活動③**：良いと思った考えは、別の色で自分の考えに付け足していく。個人思考と集団思考を繰り返し、学びを深めていく。

✔ 子どもの姿から見えたこと

　活用場面1では、頭の中でイメージした数の動きを可視化することができ、子どもたちは分数という比較的高度な数の概念をより的確に理解しつつあった。具体的には、1Lますの図や数直線を利用して、画面上でジュースを動かしながら自分の考えを表せた。その際に、矢印等を画面に書き込み、考えの過程を構造的に整理するなど、意欲的に取り組みつつあった。これらから、ICTには、紙面で表すことのできない「動き」を表すことができるというメリットがあると言える。

　活用場面2では、個人思考→集団思考→個人思考→集団思考を繰り返す中で、子どもたちが自他の考えの共通点・相違点を探しながら学びを深めようとする態度が見られた。まずは、相手に分かりやすく説明するためのスライドを作成する中で、順序立てて自分の考えを伝える工夫をし、次に仲間の発表から良いと思った考えを自分のスライドにも付け足していた。さらに、それを全体で共有することで、他の子どもたちもそこから学ぶ機会となった。このように、ICTを活用すると、自分の考えをより明確に表現しやすくなるだけではなく、自他の考えを比較し、類別しながら、自身の考えや表現を修正しやすくなる。この「しやすさ」は、自らの学びを調整しようとする意欲につながると思われる。

🔄 子どもの学び

活用場面1

ジュースを表す図を動かして考えてみよう。矢印を書けば、動かしたことを分かりやすくできるな。

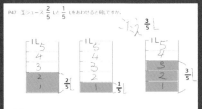

いくつに分けた何個分か考えて求めるとできそう。ペンで書き込んでみよう。

● 活用場面1の子どもの振り返りより

タブレットだとノートと違って、図を自分が思うように動かしたり、コピーしたりすることが簡単にできるので、自分の考えをすらすら書き込めました。

活用場面2

5つに分けた1つ分の大きさは$\frac{1}{5}$で、合わせてももとの大きさは変わらない。だから$\frac{3}{5}$になると思います。

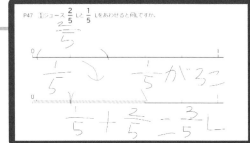

私は1Lますの図で考えたけど、数直線でも同じような考え方ができるのだね。

オレンジ色の図を動かしながら説明してくれたから、分かりやすかった。

● 活用場面2の子どもの振り返りより

スライドを見せながら説明された方が、みんなの考えが分かりやすかったです。いいなと思ったところは自分のスライドにも付け足せました。図を動かしながら説明していた子もいて、次からまねしたいなと思いました。

（教諭　大江玲緒奈）

7年 数学 てんびんを使って方程式の解き方を考えよう

―ICT を活用し、視覚的に方程式を捉える―

■ 教材と単元のねらい

教　　材：未来へ広がる数学1　§3.1　方程式とその解（啓林館）
単元のねらい：てんびんの性質から、等式の性質について理解する。
　　　　　　　　等式の性質をもとに方程式を解くことができるようになる。

■ 単元の流れ

① GeoGebra を使って、等式の性質について、まとめる。**→活用場面1・2**
② 実際に教科書の問題を解く。

思考を深める ICT の活用場面

**ICT の何を、
どのように使うのか** ➡ **GeoGebra を使って**
※関数からグラフを自由に作成することができる数学学習ツール
方程式が、てんびんのつり合いと同じ感覚であることを身に付ける。

**子どもの変容
（子どもの振り返りより）** ➡ 今日の学習では、てんびんに例えて考えました。左右の皿から同じ数のおもりを減らすとつり合いが保てるのと同じように、方程式では、同じ数をたしても、ひいても良いことが分かりました。

左右で同じおもりをひくことができない時は、同じ数でわることで●1つの重さを求めることができました。今日の学習で、方程式は両辺に同じ数を足しても、ひいても、かけても、割っても、方程式が成り立つということが分かりました。

活用場面1

左側の皿の●1つ分の重さを求めるためには、どのような操作をしたらいいのか考え、実際にやってみよう。

学習のねらい：方程式の学習では、両辺に同じ操作をするという感覚を養うことが重要となる。そのため、GeoGebra で作成したてんびんを用いて、作業をしながら等式の性質を学習する。課題1、2では、両辺に同じ数をたす、ひくという感覚を身に付ける。
活動①：左右の皿から同じ重さの錘を減らし、どちらかの皿が必ず●1つになるまで作業を行う。**活動②**：左右の皿から●や■の数を変化させ、画面上のてんびんがつり合うことを見て、●1つの重さを求める。ここでの留意事項は、画面上では●1つ分の重さを暗算で求められるが、実際に問題を解く際には式をてんびんに置き換えて考えるため、暗算はしないことである。そのため、授業者は、作業を行うよう呼びかけをする。

活用場面2

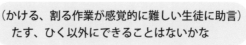

学習のねらい：課題3、4では、両辺を同じ数でかけたり、割ったりするという感覚を身に付ける。
活動：●1つ分の重さをただ求めるのではなく、できるだけ操作の回数を少なくするにはどうしたらいいのかを考える。

まずは、課題1や2でやったことをもとに考えてみよう。

（かける、割る作業が感覚的に難しい生徒に助言）
たす、ひく以外にできることはないかな

✔ 子どもの姿から見えたこと

　活用場面1では、数字や文字を視覚化することができるため、数学に苦手意識のある生徒でも、意欲的に活動に参加する姿が見られた。また分からないところは、他の生徒から聞くなど、生徒同士で話し合いながら、協働し学習に参加する姿がみられた。

　活用場面2では、等式の性質の「ひく」「割る」のみの作業であったが、ある生徒は実際に問題を解く活動の中で、同じ数をひくことができるなら、同じ数を両辺にたしてもよいのではないかなど、自ら他の性質を見つけるといった学びを深めていた。さらに、等式をてんびんとして具体的にイメージ化して考えることで、クラスのほとんどの生徒が、一次方程式を解く際に基本となる、両辺に同じ数をかけたり、割ったりするという感覚を身に付けることができた。

　何度もやり直せて数のやりとりを視覚化しやすいICTを活用することで、教師が口頭で説明するだけでなく、生徒は楽しみながら感覚的に符号の変化を探索することが可能になり、等式の性質の発見をするなど数学の概念構築を図りつつあったと考えられる。

🔄 子どもの学び

活用場面1

右の皿からも■のおもりを1つ減らすと、てんびんがつり合った。
おもりを減らすよりも、増やす方がつり合いを保つのによさそうだな。

左の皿から■のおもりを1つ減らしたらてんびんがつり合わなくなった。

● 活用場面1の子どもの振り返りより
方程式の問題を解く時に、てんびんに置き換えて考えると問題が解きやすかったです。
てんびんは、減らす作業しかしなかったけど、減らしてもいいなら同じものを増やしてもいいことを自分で見つけることができました。

活用場面2

左右の皿をみても、同じおもりがないから、おもりを足したり、ひいたりできないな。

 左に●が4個、■が8個で偶数個あるから左右の皿のおもりを半分の数にできそうだな。

● 活用場面2の子どもの振り返りより
さっきてんびんでやった作業と同じように、方程式もたしたり、ひいたりできない時は同じ数で両辺を割ったらいいということが分かりました。

（教諭　関谷絢斗）

連立方程式の利用
―他者と協働し、学びを深める―

Jamboard　電子黒板

■ 教材と単元のねらい

教　材　名：未来へひろがる数学2　連立方程式の利用（啓林館）

単元のねらい：身のまわりの場面から問題を設定し、連立方程式を利用して解決することができる。
複数の解法過程を考えることができる。既習事項と関連づけて考えることができる。

■ 単元の流れ

① （個別）問題を読み、Jamboard で解法を考える。複数の解法を考える。→**活用場面1**
② （協働）他者と解法を共有する。困っている友だちに付箋機能でアドバイスをする。→**活用場面1**
③ （発表）Jamboard に記入した意見を電子黒板で提示し、クラス全体に発表する。→**活用場面2**

〽 思考を深める ICT の活用場面

**ICT の何を、
どのように使うのか** ▶

Jamboard と電子黒板を使って
・Jamboard：自身の解法を書き込み、友だちと共有する。
・Jamboard：困っている友だちがいれば、付箋機能でアドバイスをする。
・電子黒板：記入した解法を提示し、ペン機能を利用しながらクラスに発表する。

**子どもの変容
（子どもの振り返りより）** ▶

友だちの考え方をリアルタイムで簡単に共有することができた。友だちの様々な意見を見ることができ、自分の考え方を深めやすかった。また、友だちとの意見交流をスムーズに行うことができた。

分からないところで助けを求めたり、友だちの援助によって課題を解決できたりした。逆の立場では、困っている友だちを見つけて援助ができた。

活用場面1

友だちの解き方を見て自分の解き方と比べてみましょう。困っている人がいたら付箋を使ってアドバイスを送ってあげましょう。

活動①：Jamboard に個人で解法をまとめた後、Jamboard を通じて友だちの解法過程を見る。様々な考え方を参考にすることで、新たな考え方に気付いたり、自身の考え方を深めたりすることができる。協働学習により得た気付きは、自身の考え方にフィードバックし Jamboard 上の解法を改善するきっかけとなる。

活動②：友だちと解法過程を共有する中で、困っている友だちを見つけた時は Jamboard 上で付箋機能等を利用して友だちに分かるように工夫してアドバイスを送る。困っている生徒は、他者に援助要請をする機会や、それによって課題を解決する機会を得ることができる。

活用場面2

自分の考え方を、みんなに分かるように発表してみましょう。

活動①：数名の生徒が代表して、自身の解法を書き込んだ Jamboard を電子黒板で一斉提示し、ペン機能を使って書き込みながら説明を行う。発表者は伝えたい内容をはっきりさせ、意見がしっかりと伝わるように意識して発表する。

活動②：聞き手は発表者の考え方を聞き、自分の考えと比べることで、内容の理解を深めることができる。

✔ 子どもの姿から見えたこと

　ICT活用による活発な意見の共有が、子どもの批判的思考を働かせ、思考を深めるきっかけとなった。**活用場面2**では、他者の考え方を参考にしてより最適な考え方に到達するだけでなく、数名の同じ誤答をしている生徒を発見し問題の間違えやすさに気付く生徒もいた。

　また、**活用場面1**で2つめの解法を考えていた生徒Aが、生徒Bの誤った解法過程を参考にして既習事項と関連付けることができ、正しい解法に到達する場面もあった。それは個別思考では生徒Aも生徒Bも思いつかなかった考えを、意見の共有により創発した場面である。よりよい解決方法を追求するために多様な考えを参考にすることで問題理解が深まるとともに、他者と自分の意見の比較が問題解決のためのメタ認知的活動として機能し思考の変容につながった。

　さらに**活用場面1**では、困っている友だちにアドバイスを送るよう授業者が生徒全員に伝えると、逆に困っている生徒の方からシート上に助けを求める書き込みをする場面もあり、主体的に問題解決のために動く生徒の姿が見られた。ICT活用の中で自分の困り感を表現しやすくなったり、他者を支援しやすくなったりしたように感じる。これは社会に出た時に援助要求をすることや、それに応える力の育成につながると言える。

○ 子どもの学び

活用場面1

◆ Jamboard を使って

友だちが付箋でヒントをくれたから、自分の考えの足りないところが分かって、解くことができた。

友だちの意見を見て、2つめの解き方に気が付いた。

● 活用場面1の子どもの振り返りより
・友だちの解き方を見ることで、自分の間違いに気付くことや、別の解き方を思いつくことがあった。
・友だちの間違いを見ることで、問題の間違えやすい部分に気付く場面があった。

活用場面2

◆電子黒板を使って

解き方を個人で Jamboard にまとめた画面を投影して、電子黒板のペン機能を使って伝わりやすく工夫して説明します。

違う解き方に気が付いたので、説明します。

● 活用場面2の子どもの振り返りより
・相手に分かる説明をするために、自分の解法について深く考えた。
・友だちの意見を聞くことで解法が理解できたり、自分の考えを深められたりした。

（教諭　平原昌幸）

8年 数学	連立方程式の利用の考え方
	―考えを整理、他者と比較し、再考する―

教材と単元のねらい

教　　　材：未来へひろがる数学2　連立方程式の利用（啓林館）、未来へひろがる数学1　文字式の表し方（啓林館）

単元のねらい：連立方程式を利用して、問題を解決することができる。

数量を文字式に表したり、文字式から数量を読み取ったりすることができる。

単元の流れ

① 文章問題を読んで、STUDYNET（スタディネット）に自分の考えた線分図をかく。**→活用場面1**

② 活用場面1でかいたものを、電子黒板に一斉表示し、全体で共有する。

③ 他者の考えと比較し、再考し問題を解く。**→活用場面2**

思考を深める ICT の活用場面

ICT の何を、
どのように使うのか
STUDYNET（スタディネット）を使って
※生徒が書き込んだタブレット画面を電子黒板に一斉に表示できるシステム
自分の考えをまとめる。また、一斉表示された他者の考えから自分の考えを再考する。

子どもの変容
（子どもの振り返りより）
線分図を比較することで、文章中の速さ・時間・道のりをどのような図をかけば、まとめられるのかを知ることができた。

自分の考えを説明し、間違っているところも教えてもらうことで学びが深まった。

活用場面1

活動①：授業者は、デジタル教科書を使って問題を提示した後、STUDYNET を使用して、生徒一人ひとりのタブレットに白紙の画面を配布する。

活動②：問題を解く上で必要なことをそれぞれで考え、タブレット上にメモする。

活動③：自分のメモを見ながら、線分図を考える。その際、授業者は、どのようにかけばよいか分からない生徒に対し、基本の線分図を提示し、個々の考えで線分図を作成するように伝える。

まずは、文章を読んで、問題を解くうえで大切な数値を見つけよう。

これを使ってまずは自分が分かりやすいようにまとめてみよう。

活用場面2

他の人がどのように考えたのか、自分の考えとどう違うのかなど比較して考えてみよう。

活動①：活用場面1で作成したものを、電子上の送信箱に送信する。

活動②：電子黒板に一斉表示された線分図を見て、自分の考えと他者の考えを比較する。その際、授業者は、深い学びにつなげるため、考え方の違いに着目するよう伝える。

活動③：自分のかいた線分図を画面上で拡大しながら発表する。その際に、「ここが分かりづらい」「どう考えたのか詳しく教えて」などのアドバイスをしあうことで、もっと良いかき方を再考し、再考した線分図を使って問題を解く。

✔ 子どもの姿から見えたこと

　活用場面1では、ICTの活用により、書き消しが容易にできるので、はじめに考えたものより見やすくなった良い考えを書くことが可能になった。自分の考えに自信がもてない生徒にも、考えをまとめようとする意欲的な姿が多く見られるようになった。また、どのようにすれば伝わりやすくなるかなど論理的に考えるきっかけにもなっていた。

　活用場面2では、全員の考えを集め、可視化することで、多様な考え方を共有することができ、難解と捉えているところが明らかになったり、自分の考えを深めたり、他者の考えを見たことで考えるきっかけを得たりと、メタ認知を高める姿が多く見られた。

　また一斉表示機能によって、ICTがコミュニケーションを促進するツールとなり、発表の得意不得意に関わらず、意見交流が活発になり、学びを深める時間を十分に取れるようになった。そして、拡大しながら分かりやすく説明することで、自分の考えに肯定的な意見をもらいやすくなり、自尊感情が高まる姿も見受けられた。

🔄 子どもの学び

活用場面1

自分の考え方をどのように
かけば、みんなに分かりや
すく伝わるのだろうか？

線分図を工夫することで、みん
なに分かりやすく説明ができる
のかな…どう工夫したらいいん
だろう？

● 活用場面1の子どもの振り返りより
　文章にどのようなことが書いているのかを理解することが大切だと思った。自分の考えをみんなに分かりやすく説明するためには、どのようにかけば良いか考えることが難しかった。

活用場面2

同じ問題でも、人によって
考え方や表現の方法が違う。
どの書き方が道のり・速
さ・時間が分かりやすいの
かな。

線分図のかき方で、問題の考え方を整理でき、分かりやす
くすることができる。自分が分かりやすいのはどれかな。

● 活用場面2の子どもの振り返りより
みんながかいた線分図を見ることで、自分と他者の比較ができたのが良かった。電子黒板を使っての説明を聞くことでどのように考えたのかを理解することができた。文章問題のどの部分が問題を解く時に大切か気付くことができた。

（教諭　本多伸圭）

二次方程式と平方根
―イメージしにくい√の数を食べ物から考える―

Jamboard

■ 教材と単元のねらい

教　　　材：未来へひろがる数学3　平方根の利用、二次方程式の解き方（啓林館）
単元のねらい：・二次方程式の解として、平方根を求めること。
　　　　　　　・身の回り問題から、平方根を利用して問題を解決すること。

■ 単元の流れ

① 具体的な数値を代入し、一般化する。→**活用場面1**
② 半径を求めるにはどんな方法があるか考える。→**活用場面2**
③ 二次方程式や平方根を利用して求める。→**活用場面2**

思考を深める ICT の活用場面

ICT の何を、どのように使うのか ▶▶ **Jamboard を使って**
半径の求め方を各自で考えて、Jamboard を見た後発表し、様々な求め方があることを各班で共有する。また、どの求め方が簡単で分かりやすいか各自で考え、Jamboard で比較する。

子どもの変容（子どもの振り返りより） ▶▶
方程式が利用できることが分かった。$\sqrt{2}=1.414$、$\sqrt{3}=1.732$と覚えた意味が分かった。

友だちの求め方を見ることで、二次方程式と平方根の関係が少し見えてきた。

活用場面 1

半径10cm のピザの2倍の面積のピザは半径が何センチになるか考えよう。

学習のねらい：半径が14か15cm あたりのピザの面積が、なぜ半径10cm のピザの面積の約2倍になるのか、10cm の1.4倍というのはどういうことなのかその意味を考える。
活動：Jamboard を活用し、半径をいくらにすると面積が2倍近くになるか各自で考え、付箋を貼る。
思考の過程：まず、面積が2倍だからと安易に考えて半径を2倍にすると、面積は4倍になってしまい、これでは大きすぎることを理解する。そこで、Jamboard を活用し、半径が14か15cm あたりで面積が2倍近くになることを学ぶ。

活用場面 2

ピザの半径を求めるのに、いい方法はないか考えよう。

活動①：条件から二次方程式をつくり、それを解く作業を各自で行う。
思考の過程：Jamboard の付箋から、半径を求めるための最適な方法は二次方程式を立てその解を求めることであると徐々に理解する。その後の活動①では、平方根を使う場面が出てくるが、平方根の復習をすることにより$\sqrt{200}$＝$10\sqrt{2}$となること、$\sqrt{2}$＝1.414であることを思い出す。
活動②：Jamboard に二次方程式を書き込んでいる生徒から、すぐにできなかった生徒も求め方を学ぶ。

✔ 子どもの姿から見えたこと

　Jamboard の付箋を見ることで、個々で考えたピザの半径が、ほぼ全員14か15cm あたりになっていることが視覚的に分かり、なぜそのような中途半端な値になるのかを考える流れが作られた。その後の班の協働学習では、付箋を見ることで様々な見方や考えがあることが分かった。（**活用場面 1**）そこから、生徒は、様々な考え方の中に、自分に合った分かりやすい求め方があることを確認することができた。Jamboard の付箋は周りの生徒の考えている内容が一目瞭然となるので、数学が苦手な生徒も解が求められた。（**活用場面 2**）他者の考えを参考にして自分なりに解法を導こうとするのは、Jamboard の特徴である共有性や思考の可視化によって得られる効果である。

　ピザの半径を求めるという数学的活動を通して、二次方程式と平方根を生徒は身近に感じられるようになっていた。平方根は形式的には解きやすいが、概念が分かりにくい。この授業では、$\sqrt{2}$ などの無理数が長さとして存在することを実感し、二次方程式を解いて出てくる平方根の意味を深めることができた。また、授業中、整理した Jamboard や板書を見ることで、既習内容の二次方程式と平方根をスムーズに関連づけることができた。Jamboard の活用は、直感的な思考の可視化・整理を可能とするので、生徒にとって学習内容の根拠が見えやすくなる利点がある。

🔄 子どもの学び

活用場面 1

半径を 2 倍にすると、面積は大きくなりすぎる。

半径は14cm ぐらいになりそうだな。

● 活用場面 1 の子どもの振り返りより
・具体的に数値を入れていくと、面積が 2 倍近くになる半径を求めることができた。ICT を用いることで 2 倍になる面積の半径を考えやすかった。
・小数点以下はどうなるかを考えるきっかけになった。

活用場面 2

電卓で・代入する・二次方程式　など
様々な考え方がJamboardで示されている。

どの方法が簡単で分かりやすいかということが Jamboard を見ると一目で分かる。

● 活用場面 2 の子どもの振り返りより
・中 1 から学んできた方程式が利用できることと、平方根で学んだことを活かせることが分かった。
・今までの学習を活用することにより、式の中に条件を入れるだけで、機械的に半径が求められた。

（主幹教諭　鹿間俊之）

4年 理科

生活経験を基に予想し、問題を見いだす
―事象を比較し、思考を書き込む―

■ 教材と単元のねらい

教　材：地面を流れる水のゆくえ（啓林館4年）、雨が降った日とその翌日の写真
単元のねらい：雨水の流れ方や浸み込み方と、地面の傾きや土の粒の大きさとの関係について調べる。また、それらを調べる中で、根拠のある予想や仮説を発想し、表現する。

■ 単元の流れ

① 　2つの写真を比べ、気付いたことを整理しながら問いを見いだす。→活用場面1・2
② 　見いだした2つの問いについて問題解決していく。
③ 　分かったことをまとめる。分かったことと自分たちの暮らしとの関係について知る。

思考を深めるICTの活用場面

ICTの何を、どのように使うのか ▶▶ **Jamboardを使って**
時間的・空間的な視点で捉え、比較しやすい。思考を視覚化し、共有することができる。

子どもの変容（子どもの振り返りより） ▶▶
| 2つの写真を比べて、水がどこにいったか予想できました。次は水がどのように流れていったのか調べたいです。 | みんながJamboardに分かりやすくかいていて、すごいと思いました。みんなの発表を真似しながら、私も発表できました。 |

活用場面1

2つの写真を比べて、どんなことがわかりますか。

翌日の写真では、なぜ水たまりがないのでしょう。

事前準備：Jamboardの1ページ目に雨が降った日の校庭の写真、2ページ目にその翌日の写真を背景に設定し、Classroomで配布する。
活動①：2つの写真を比べ、翌日の写真では水たまりがほとんどなくなっていることに気付く。
活動②：水たまりがなくなった理由について、自らの生活経験とつなげながら、様々な予想を立てる。その際、子どもの特性に応じてタイピングやペンの機能を使い、「グレーチングに流れた。」「土の中に浸み込んだ。」「蒸発した。」などの考えたことをデジタル付箋に表現する。

活用場面2

翌日の写真で、水たまりが残っているところがあるのはなぜでしょう。

活動①：Jamboardのページを自分で拡大し、水たまりが残っているところを見つける。
活動②：活用場面1での予想通りなら、どこも一律に水たまりがなくなるはずだが、なぜそうならないのかを考える。
活動③：子どもは考えたことを、Jamboard上に書き込む。
活動④：書き込んだものを基に話し合う中で、「水はどのように流れるのだろう」という問いを見いだしたり、「土の種類の違いによって、浸み込み方が違うのではないか」という仮説を立てたりする。

✔ 子どもの姿から見えたこと

　Jamboard 上に自分の考えを書き込み、友だちと表現し合いながら課題を解決していくことで、子どもの協調性や協働性が育まれつつあったように思われる。また、相手意識を持って自分の考えを表現しようとしたり、友だちの考えを自分の考えに取り入れたりするなど、多様な考えを尊重する態度も養成されつつあった。

　活用場面1では、Jamboard のページの背景に写真を設定することで、考えを写真に直接書き込み、自分の考えを一目で分かるように表現することができた。考えを可視化することで、自分たちが解決すべき課題が明確になり、子どもが問題を見いだすことが可能となった。作成した Jamboard を説明する際には、自分が予想した水のゆくえと自分の生活経験とを結びつけ、論理的思考を働かせて説明しつつあった。

　活用場面2では、友だちの考えを聞きながら、友だちの意見を自分の意見に追加したり、自分の考えを柔軟に変化させたりする様子が見られた。他者の考えが視覚的に表現されているので分かりやすかったことに加え、Jamboard 上で考えを簡単に追加・変更・削除できることも一因であると考える。そして、他者の考えと自分の考えを比較し、批判的な思考を働かせて学びを深めることができた。これからも ICT 活用によって、個人の思考を深め、協働学習の活性化を図っていきたい。

🔄 子どもの学び

活用場面 1

水はどこにいったのかな。

グレーチングに流れたと思う。

砂場に水を流したとき、水は土の中に浸み込んでいったよ。雨水も土の中に浸み込むと思う。

洗濯物みたいに、乾いたと思う。

● **活用場面1の子どもの振り返りより**

・1日でこんなに水がなくなっていてびっくりした。水がどこに流れていったのか調べたい。

活用場面 2

あれ？ よく見ると、水たまりが残っているところがある。

地面が斜めになっているのかな。

水たまりはへこんだところにできると思う。

たしかに！　グレーチングの方に流れていくと思っていたけど、へこんだところに集まるかもしれない。

石は水を通さないから、石があるところに水たまりができると思う。

● **活用場面2の子どもの振り返りより**

・水が残るところと残らないところがあると分かった。なんで水が残るところと残らないところがあるのか調べたい。
・グレーチングの方に流れると思っていたけど、へこんだところに集まるとも思った。
・石と土でしみこみやすさに違いがあるのか実験したい。

（教諭　新海貴文）

<table>
<tr><td>**8年
理科**</td><td colspan="2">**電流のはたらきを表す量**
—Jamboard とスライドで考察を行おう—</td></tr>
</table>

■ 教材と単元のねらい

教　　　材：未来へ広がるサイエンス2　電流とその利用　1章　電流の性質（啓林館）

単元のねらい：電流による発熱量のグラフから、電力や時間が発熱量に関係することを理解する。

■ 単元の流れ

① 電流回路の基本的な知識を身に付け、回路に加わる電圧や電圧と電流の関係について考える。

② 電流・電圧・電気抵抗をオームの法則を用いて考える。

③ 電流のはたらきを表す量について知り、電流による発熱量の実験を行う。

④ 活動③の実験結果について、発熱量に何が関係しているのかを Jamboard やスライドを使って考える（本時）。

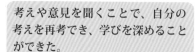

思考を深める ICT の活用場面

ICT の何を、
どのように使うのか　▶▶

Jamboard とスライドを使って

・Jamboard：電流による発熱量のグラフから、気付いたことを班で共有し、意見交流する。

・Google スライド：班で Jamboard での意見を話し合った後、班の意見をまとめてスライドを使って全体の場で発表する。

子どもの変容
（子どもの振り返りより）　▶▶

考えや意見を聞くことで、自分の考えを再考でき、学びを深めることができた。

Jamboard を用いることで、自分の意見を出しやすく、友だちの意見も見られるのが良かった。

活用場面 1

電流による発熱量のグラフから気付いたことを Jamboard に書き込んでみよう。

活動①：電流による発熱量（ヒーターの電力を変えたもの、電流を流す時間を変えたもの）の実験結果をワークシートのグラフに表す。

活動②：グラフから気付いたことを各自で Jamboard に書き込む。

活動③：Jamboard に記入した意見を班で用いて発表し合い、友だちの考え方と自分の考え方を比べたり、自分の考えを深める。

活用場面 2

班ごとに行った考察をスライドにまとめて、全体の場で発表しよう。

活動①：Jamboard での話し合いの後、班ごとの考察をスライドにまとめ、全体で発表する。

✔ 子どもの姿から見えたこと

　活用場面1では、Jamboardを使うと、普段の発表よりも実験結果のグラフについての自分の気付きや考えを書き出しやすくなり、思考を文字化しやすくなったようであった。そこで出た様々な意見を確認しながら他者と意見交流することで、発言・発表だけでない、学び合いの時間となった。他者の考えを視覚的に捉えられることで、自分の意見と他者の意見を比較・分析しやすく、他者の意見に共感したり、お互いの意見を理由を付けて説明し合ったり、似た意見に分類したりするなど、実際に一人で3つ以上の考えを出している生徒も多く、様々な視点から結果について考察でき、思考の深まりが見られた。

　活用場面2では、スライドを使って班の考えをまとめることで、他者との意見交流で出た考えを自分自身で納得しながら整理していくことができるようになった。また、自分の考えにしっかりと向き合い、粘り強く考えていく時間ができることで、自分の考えに自信を持ち、全体の場で理論立てて発表することができたように見受けられた。さらに、発表では、自分の考えを他者に説明することで、知識の質が高まり、深い学びへとつなげていくことができたように思われる。このように、他者と協力しながら自分の学習を進めることで、子どもの対話的に学ぶ態度が養われ、コミュニケーション能力の向上や思考力、判断力が高まりつつあったと考えられる。

🔄 子どもの学び

活用場面1

発表よりも簡単に意見を伝えることができる。

みんなの意見を、似ている意見でまとめたり、分類したりしてみよう。

● **活用場面1の子どもの振り返りより**
・自分の考えや気付きをつぶやきのように出すことで、たくさんの意見を出すことができた。
・班の友だちの意見を見ることで自分の考えと比較でき、自分の考えを考え直すことができた。
・友だちの意見を参考にすることで、一人の時よりも様々な点から考察できた。

活用場面2

班で作ったスライドを使ってクラス全体で発表できるのが良い。

班で一斉にスライドを見ることができ、共同して作ることができるのが良い。

● **活用場面2の子どもの振り返りより**
・Jamboardでの班の話し合い活動を入れていることで、自信を持って自分の意見を全体の場で発表することができた。
・全体の場で発表するために、理論立てて分かりやすく自分たちの意見をまとめることができた。
・他の班の考えに質問したり、意見したりする場面ができることで、さらに深く考える時間になった。
・班ごとの考えを見返すことができるので、自分の班の考えと比べながら考えることができた。

（教諭　定道渉）

酸・アルカリと塩
―目に見えないイオンを動かしてみよう―

Classroom　Jamboard

■ 教材と単元のねらい

教　　材：未来へ広がるサイエンス3　物質　3章　酸・アルカリと塩（啓林館）
単元のねらい：酸やアルカリのそれぞれの性質が水素イオンと水酸化物イオンによることを見いだす。

■ 単元の流れ

① 酸性、アルカリ性の水溶液の性質を示すもとになるイオンが何であるか調べる実験をする。
② 実験の考察を行う際、Jamboard を用いる。→活用場面1
③ 班ごとにまとめた内容を発表する。→活用場面2

〰 思考を深める ICT の活用場面

ICT の何を、どのように使うのか	▶	**Jamboard を使って** 実験結果の通りに、pH 試験紙の色とイオンのモデルを動かして考えよう。

子どもの変容 （子どもの振り返りより）	▶	酸性やアルカリ性の性質を決めているものが何か考える際に、モデルを動かし、説明することで自分自身の理解も深まった。	イオンの動きは目には見えないが、Jamboard を使って、イオンのモデルを動かしてみることで、理解が深まった。

活用場面 1

事前準備
・各班（4人1班）で操作できる Jamboard を班の数だけ用意する。
・実験と同じような図を各班の Jamboard の中にあらかじめ用意しておき、生徒はその図の中から、実験で変化した部分だけを操作できるようにおく。
・授業開始時に、Classroom の中に Jamboard を投稿しておき、生徒が授業中に操作できるようにしておく。

活動①：実験結果を Jamboard 内の付箋を使って記録する。
活動②：pH 試験紙の色の変化を、Jamboard を使って動かす。

ICT 活用の利点：実際には目には見えないイオンも、モデルとしてその場で動かすことができ、ノートを開いて書く時間を縮減でき、思考の時間を確保することができる。

> Jamboard 内の付箋を使って、色の変化やイオンの移動の様子を班の中で話し合ってみよう。

> 実験結果と同じように Jamboard の中の図を動かしてみよう。

活用場面 2

> ほかの人にも分かりやすい発表にするために、実験したことをまとめよう。

> モデルを動かすだけでなく、付箋を使ったり、直接書き込んだりして、分かりやすいように工夫していこう。

活動①：誰が見ても分かるように、電圧を加える前の図も用意する。
活動②：その時のイオンはどのような状態なのか、Jamboard 内の付箋や口頭で説明する。
活動③：その後、電圧を加えると pH 試験紙の色がどう変化するのか、その時のイオンはどうなるのかを説明する。

✔ 子どもの姿から見えたこと

　活用場面1では、作業時間を短縮でき、思考時間を増やすことが可能となった。具体的には、pH試験紙の色の変化や、イオンのモデルをノートに書く時間を縮減したため、個人思考、集団思考の時間を十分にとれた。そのため、生徒はより深く考えつつあった。

　活用場面2では、生徒の学びを深めようとする姿が見られた。実験結果の考察でJamboardを活用することで、ノートをとるのが苦手な生徒や、時間がかかる生徒も、視覚的に考えることで、学びを深めつつあった。また、生徒同士で教えあう姿が見られた。さらに、班ごとの発表を通して、考えをアウトプットすることでより理解を深めることができた。班ごとの発表では、考察を順序立てて行い、付箋を使って自分の考えをまとめたり、簡単に色を付けてまとめたりすることでみんなに分かりやすい発表に創意工夫するなど、主体的な学びの姿が見られた。加えて、自分たちの班だけでなく、ほかの班の発表を聞く中で、新しい発見があったり、繰り返し聞く中で単元に対しての定着が図られたりした。なかには、実験結果の写真をそのまま挿入し、まとめている生徒もおり、実験結果とモデルを並べることで、一目見て、分かりやすいと感じている生徒もいた。

🔄 子どもの学び

活用場面 1

  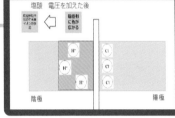

まずは、実験の結果通りに、
pH試験紙の色を動かしてみよう。

Jamboardを使って、イオンのモデルを動かしたら、なぜ色が変わるのかがよく分かる。

● 活用場面1の子どもの振り返りより

実験結果と同じように、pH試験紙の色を変化させることができたし、そのあと、イオンのモデルを動かすことができ、色の変化した理由を考えやすかった。また、電圧を加える前と加えた後で2枚のスライドがあり、見比べることで考えやすかった。

活用場面 2

より分かりやすい発表にするために、イオンが移動する理由をJamboard内の付箋で付け加えていこう。

班ごとにまとめ方は違うが、考えは同じで、何度も聞くことで理解が深まった。

● 活用場面2の子どもの振り返りより

イオンが移動する様子を考える時に、モデルを動かすだけでなく、図を書き加えている班などもあり、ほかの班の考えを聞くことでより理解が深まった。また、班で発表することで、友だちにも分かりやすく説明することが必要なので、しっかり考えることができた。

（教諭　陰山豊寛）

<table>
<tr><td>**1年
生活**</td><td colspan="2">**きれいな　はなを　さかせたい**
―植物の変化や成長の様子に気付き、大切にしよう―</td></tr>
</table>

■ 教材と単元のねらい

教　　　　材：わたしとせいかつ上　きれいなはなをさかせたい（日本文教出版1年上）

単元のねらい：植物を種から育てることで、植物への思いをもって世話をすることができるようにする。また、植物の変化や成長の様子に気付くとともに、生命の不思議さにふれ、植物も自分たちと同じように命をもって成長していることに気付き、親しみをもって大切にしようとする。

■ 単元の流れ

① 育てる花を決める。
② 花の世話をしよう。**→活用場面1**
③ 花を楽しもう。
④ 今までを振り返ろう。**→活用場面2**

〰 思考を深める ICT の活用場面

**ICT の何を、
どのように使うのか** ▶ **スライド・Jamboard を使って**
スライドで成長過程を記録し、Jamboard でこれまでの成長過程を振り返る。

**子どもの変容
（子どもの振り返りより）** ▶ スライドにまとめることで、前と比べてどこがどれくらい変わったかよく分かった。写真を大きくすると細かいところもよく見えた。

Jamboard で成長の順番に並べ替えて、友だちとお世話した時のことを話しました。つるが伸びたり花が咲いたりする早さはみんな違っていて、わたしたちと同じだと思いました。

活用場面 1

アサガオの様子がよく分かるように、近づいたり離れたりして写真を撮りましょう。

前と比べて変わった（成長した）ところがよく分かる写真を選びましょう。

活動①：アサガオの写真を撮る。上からや横から等、いろいろな角度から撮る。

活動②：次に、撮った写真から成長がよく分かる写真を選ぶ。そして、選んだ写真をスライドに挿入する。その際、操作方法（挿入の仕方だけでなく、写真の拡大縮小の仕方なども）は6年生に教えてもらいながら行う。アサガオの様子がより分かりやすいスライドになるよう工夫する。

活用場面 2

写真を動かして、アサガオが成長した順番に並べかえよう。

どんなふうに大きくなってきたのかな。世話をしている時に、どんな言葉をかけましたか。

活動①：授業者が、種・葉・花等のアサガオの成長写真を子どもの端末に配布する。次に、子どもはタブレットの画面上でそれらを成長の順番に並べ替える活動を各自で行う。

活動②：全体で意見交流し、これまで観察してきたアサガオの成長を振り返る。植物も自分たちと同じように命をもって成長していることに気付く。

✔ 子どもの姿から見えたこと

　活用場面1では、植物の成長に好奇心をもって、継続して学ぶ意欲の高まりが見られた。それは、タブレットで写真を撮影してスライドに貼り付けて残せたため、写真の拡大や縮小が可能となって細部まで観察することができたためであると考えられる。また、その後の学習では、スライドに記録した写真の比較によって、以前に観察して絵に描いた時には気付かなかったところに気付くといった新たな発見があった。

　活用場面2では、主体的に学習の振り返りを行うことができ、比較しながら思考する力が促進されたと思われる。アサガオの写真の並び替えの際、子どもたちは、写真を拡大・縮小させ、自分の撮影したものと比較しながら、並べ替えを行った。その後、タブレットを持ち歩いて自他の並べ替えを比較し、成長について友だちと意見交流した。どちらの場合も、焦点化や比較がしやすく、植物の変化や成長の様子に気付きやすくなったためであると考えられる。

　その際、6年生がタブレットの操作方法を1年生に分かりやすく言葉を選びながら教える姿、また1年生の嬉しそうな姿からは6年生のケアする能力の発揮とともに、温かなつながりが醸成されつつある様相を見て取れた。

🔄 子どもの学び

活用場面1

全部が入るように撮りたいな。少し離れて撮ろう。

（6年生）
写真を大きくしたら細かいところもよく分かるよ。こうやってするんだよ。

初めの葉と形が違うよ。
前に撮った写真と比べてみよう。

（1年生）
ありがとう。ほんとだ。
ここがつぼみだったんだね。

●活用場面1の子どもの振り返りより

前と比べてつるが伸びていました。写真を大きくすると細かいところまでよく分かりました。花が咲いているところが、この前観察した時はつぼみだったと分かりました。6年生が優しく教えてくれて嬉しかったです。

活用場面2

育つ順番は同じだけど、友だちのアサガオの方が早く花が咲いたよ。花が咲いた時、「きれいだね」「がんばったね」って言ったよ。

最後はまた種に戻るんだね。

暑い日の水やりも頑張ったよ。水がなかったら枯れてしまうからね。暑い時は、わたしたちものどが渇くもんね。

●活用場面2の子どもの振り返りより

友だちのアサガオと比べて、つるが伸びたり花が咲いたりする早さが違いました。みんな違っていて不思議です。わたしたちの成長と同じだと思いました。

（教諭　上村理恵子）

教材と単元のねらい

教　　　　材：わたしとせいかつ下　ぐんぐん　そだて　みんなの　野さい（日本文教出版）
単元のねらい：野菜のでき方に関心をもったり、収穫した野菜の生かし方を考えたりする活動を通して、収穫に適した時期や野菜の生かし方が分かる。

単元の流れ

① 育てる野菜を決めよう　　　　　　　② 野菜を育て観察しよう
③ 野菜を収穫しよう／収穫した野菜を生かそう　→活用場面1・2
④ 今までを振り返ろう

〜〜〜 思考を深める ICT の活用場面

**ICT の何を、
どのように使うのか** ▶

Jamboard を使って
作業を1つずつ記載している付箋を並び替え、夏野菜ピザの作り方の手順を確認する。
イラストを動かし、オリジナルピザを作ることで、どんな盛り付けにするかイメージを膨らませる。

**子どもの変容
（子どもの振り返りより）** ▶

初めての調理実習で心配だったけれど、Jamboard で付箋を動かすと、作り方がよく分かりました。本番も協力して、おいしい夏野菜ピザを作りたいです。

図の動かし方が分からない時に、班の人が教えてくれたので、盛り付けが上手にできました。苦手な野菜があるけれど楽しみになりました。

活用場面 1

夏野菜ピザの作り方の順番を考えましょう。作業ごとに色分けした付箋を動かしましょう。

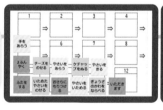 

活動：「手をあらう」から「いただきます」までの作業をイメージしながら、付箋を並び替え、作り方の手順を考える。その際、作業区分ごとに付箋を色分けしておき、色分けごとに考えることで、イメージしにくい時の手立てにする。また、付箋の動かし方や並べる順が分からない時は、同じ班の人で助け合うこととし、調理実習時の約束として確認する。

活用場面 2

図の動かし方や広げ方を見つけたら発表しましょう。

手順を思い出しながら、図を動かしましょう。自分だけの夏野菜ピザをJamboardで作りましょう。

活動：活用場面1で作成した手順をもとに、画面上で自分だけの夏野菜ピザを作ることで、当日の作業を視覚的に確認する。その際、盛り付け方などを自分で考え工夫する。また、図の移動・拡大・縮小などの操作の仕方は、自身で見つけ、その都度発表することで全体に紹介する。

✔ 子どもの姿から見えたこと

　活用場面1では、ICTを活用することで、初めての実習を不安に思っていた児童も、調理実習前に自分が作業する場面を具体的にイメージしながら、手順を確認し見通しをもつことができた。また、調理実習の際にも、個人思考した手順を大型テレビに映しながら進めることで、今自分は何をする番か、次は何をするのかがよく分かり、計画性をもって手際よく進められ、責任感をもって実習しつつあった。

　活用場面2では、自分で図を動かし盛り付けを考えることで、児童の創造的思考が高まり、本物で作ってみたい・食べてみたいという意欲が高まった。また、Jamboardの操作方法を自分で見つけ出し発表することで、好奇心をもって活動し、操作を失敗しても何度もやり直し、粘り強く取り組む力がついた。

　児童たちは、2つの活用場面を通して、行き詰まった時や相談したい時は、同じ班で話し合うことで協働的に学習を進めていた。そのため、実習の際にも大きな声で困ったことを伝えるのではなく、班で協力して役割分担し、主体的に活動することができた。また、ICTの活用と実習との連携により、明確にイメージし俯瞰的に全体を捉えることで、意欲を高め協働的に学び合い、児童それぞれが自分の役割を責任もって果たせるようになりつつあった。

○ 子どもの学び

活用場面1

まず同じ色の付箋を集めて
みよう。
「手を洗う」の次は何かな。

作り方の順番が分かったよ。
自分でできることは何かな。
どんな道具を使うのかな。

● 活用場面1の子どもの振り返りより
作り方の順番が分かったから、本番もきっとうまくできるよ。順番が分からなくて困っていたら、班の人が教えてくれたから嬉しかった。わたしは、何をする係になるのか楽しみになった。本番もみんなで協力して上手に作りたい。

活用場面2

ケチャップをのせて広げるのが難しい。
どうしたら図が大きくなるのかな。班
の人に聞いてみよう。

どんな盛り付けにしようかな。
苦手な野菜があるけど、食べられ
るといいな。

● 活用場面2の子どもの振り返りより
図を大きくするのが難しかったけど、何回もしたら上手にできるようになった。焼き目の付け方を見つけたから発表したら、みんなもしてくれて嬉しかった。色々な形に盛り付けるのがおもしろいから、もっとやってみたい。本番はどんな盛り付けにしようかわくわくしてきた。

（栄養教諭　圓尾祐子）

いろいろなくにのおどりの音楽をききくらべよう
―付箋の利用で曲想を捉えやすく―

Jamboard

■ 教材と単元のねらい

教　　　材：ティニクリン、エースオブダイアモンド、とうしんドーイ（教育芸術社2年）
単元のねらい：曲想の違う3つの曲を聴き比べることで、聴く観点を明確にしながらそれぞれの曲の特徴を聴き取り、そのよさや面白さを感じ取る。

■ 単元の流れ

① 踊りの音楽をCDで鑑賞し、それぞれの国の踊りの特徴（使われる道具・楽器など）を知る。
② 同じ曲を映像で視聴し、曲に合う言葉を考えながら、曲想の違いをつかむ。→活用場面1
③ 他のクラスのJamboardと比較し、共通する言葉から踊りの音楽の曲想を確認し、聴き味わう。
　 →活用場面2

◇◇◇ 思考を深める ICT の活用場面

ICT の何を、どのように使うのか ▶ **Jamboard を使って**
踊りの音楽を聴いて思い浮かべた曲のイメージ（曲想）を捉えやすくする。

子どもの変容（子どもの振り返りより） ▶

> 友だちの意見を見ることができたので、踊りの曲を「明るい」「楽しい」と感じる人が多いことが分かりました。

> Jamboardを見くらべると他のクラスも同じ言葉を選んでいたので驚きました。

活用場面 1

活動①：映像で音楽を視聴し、踊りで使われる竹の動き・旋律の反復などを確認する。
活動②：視聴した曲のイメージを表す12の言葉を授業者が提示する。子どもは、その中から各自のイメージに合う言葉を選び、挙手する。
活動③：授業者は、挙手した人数によってデジタル付箋のサイズを変える。人数が可視化されることで、子どもは、視聴した曲からイメージされる言葉がいくつかに絞られることに気付く。

> CDで聴いた踊りの曲を映像で見てみましょう。どんな言葉が合いますか。合うと思う言葉に挙手しましょう。

> 「暗い」という言葉を選んだ人もいますね。でも、集中する言葉がありそうです。どれかな。

活用場面 2

活動①：Jamboardの付箋の大きさから、クラスで多数派の言葉を確認する。多くの人が同じ言葉を選んでいることを確認し、イメージに合う言葉をまとめていく。
活動②：他のクラスのJamboardのページと比較して気が付いたことを発表することで、踊りの曲を聴いて思い浮かべる曲のイメージ（曲想）が絞られることを捉える。

> ○組では、「楽しい」や「明るい」、「はずんだ」。が多いですね。□組はどうなったでしょう。

> 2クラスとも同じような言葉の付箋が大きくなっています。踊りの曲の感じ方はみんな似ていることが分かりますね。

> 多くの人が踊りの音楽に合うと感じる言葉がいくつかありますね。

✔ 子どもの姿から見えたこと

　低学年の児童は、語彙が少ないため曲想を表すのに的確な言葉を選び出すことが難しい。また、それぞれがワークシートに記入すると多くなり過ぎ、どの言葉がふさわしいのかが焦点化されにくい。そのため、Jamboardで言葉を提示し、挙手した人数を付箋の大小で表す方法を取った。

　活用場面1では、人数を可視化することができ、視聴した映像に合う曲想を視覚的に捉えやすくなった。**活用場面2**では、他のクラスで使用したJamboardとの比較により、学びの足あとの提示が容易になったため、自分のクラスの友だちだけでなく、他のクラスの友だちの意見にも触れることができた。そして、より多くの意見に触れることで多面的に考え、曲想への理解をより深めることが可能となった。その後2回目の鑑賞の授業では、例示された言葉以外に「○○という言葉も合いそうだ」を呟く児童も現れた。的確な言葉で曲想を掴む活動を繰り返すことで、主体的に鑑賞活動を楽しもうとする児童が増え、創造的思考力が高まるきっかけになった。

🔄 子どもの学び

活用場面1

人の動きがとても速い。
リズムよくとんでいるから
「はずんだ」が合うと思う。

笑顔いっぱいで踊っている。
「楽しい」感じだな。

どの曲にも「楽しい」や「明るい」がある。「明るい」は3つともたくさんの人が手を挙げている。

踊りの音楽に合う言葉は絞られるんだな。

ぼくは、合うと思わないけど「暗い」と感じる子もいるんだな。

⚫ **活用場面1の子どもの振り返りより**
・竹の上をとても速くとんでいました。だから、ぼくは、「はすんだ」を選びました。
・みんなで叩いていた太鼓の音がすごかったので「迫力のある」が多かったと思います。

活用場面2

「楽しい」「明るい」「はずんだ」はどちらのクラスもたくさんの人が手を挙げているな。

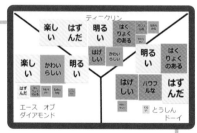
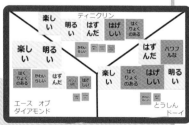

○組も選んだ言葉はよく似ている。「悲しい」と感じる人はいない。

踊りの音楽に合う言葉はクラスが違っても同じなんだな。

⚫ **活用場面2の子どもの振り返りより**
・踊りの曲を聴くと「明るい」「楽しい」と感じる人が多かったよ。
・他のクラスも同じ言葉を選んでいたので、びっくりしました。

（教諭　城谷敦子）

3つの場面の音楽を作ろう
―ソングメーカーを活用して簡単に音楽を作ろう―

■ 教材と単元のねらい

教　　　材：中学生の音楽①（教育芸術社）
単元のねらい：音色、音の重なり方（テクスチュア）、構成、旋律（音のつながり方）、リズムを工夫して、3つの場面の音楽を作ろう。

■ 単元の流れ

① 音楽のイメージを引き起こす音楽の特徴について考え、理解する。
② 自分が表現したい3つの場面と音楽の特徴との関わりを考え、創作活動を行う。→活用場面1
③ スライドで級友の作品を鑑賞し、音楽の特徴とイメージの関わりを考える。→活用場面2

思考を深める ICT の活用場面

ICT の何を、どのように使うのか ▶
ソングメーカー・スライドを使って
（ソングメーカーを使って）自分がイメージした場面を音楽で表現するためには音楽の特徴をどう工夫したらよいのか試行錯誤しながら創作活動を行う。
（スライドを使って）音源とソングメーカーのスクリーンショットを貼り付けた発表用スライドで友だちの作品を鑑賞する。

子どもの変容（子どもの振り返りより） ▶
ソングメーカーを使うと、自分が想像していたよりも簡単に音楽を作ることができた。どういう風に工夫するのか考えるのが楽しかった。

友だちの作品を聴く時、音楽だけでなく、ソングメーカーのスクリーンショットがあることでどう工夫しているのかよく分かった。

活用場面 1

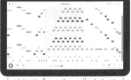

生徒作品 "ジェットコースター"
はじめ→わくわく　中→どんどん緊張
おわり→急降下　を表現

中の部分は、テクスチュアの工夫だね。

音をどんどん重ねていき、緊張が高まる様子を表現しました。

面白いね！　おわりの部分はどんな工夫をしたのかな？

音のつながり方を工夫して、下行進行を使いジェットコースターが急降下していく様子を表現しました。

活用場面 2

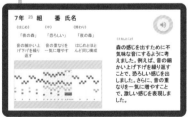

友だちの作品を鑑賞して、イメージを表すために工夫した音楽の要素を見つけよう。

リズムが細かいけど、音のつながり方が順次進行中心で高低がないから、不気味だけど夜の静かな感じもする。

構成にも注目してみましょう。

はじめと終わりは同じ場面なので同じ音楽になっている。でも最後の部分の音高が下がって終わる感じがでている！

活動：全員が発表した後、気になった友だちの作品を個人で鑑賞する。その際、授業者は、教室を回りながらワークシートへの記入をアセスメントし、適宜声掛けを行っていく。

✔ 子どもの姿から見えたこと

　活用場面1では、音楽が苦手な子どもも、意欲や好奇心を高めながら活動を行うことができた。それは、ソングメーカーが、速度や音色、音のつながり、テクスチュアを簡単に変化させられるためである。子どもたちは、音楽の諸要素から生み出される一般的なイメージと自分のつくりたい音楽のイメージをつなぎ合わせる作業を何度も繰り返すことで、創造的な作品を作り上げることが可能となっていた。

　活用場面2の発表スライドの作成においては、子どもが音声やソングメーカーのスクリーンショットを貼り付けるとともに、音声やソングメーカーの画面を何度も確認しながら自分の内面で作り上げた音楽のイメージを言葉で表し、その根拠となる音楽の諸要素の特徴を工夫点としてまとめることできた。その結果、論理的思考力を高められたのではないかと考えている。また、ICTを用いることで、他者の作品を聴覚・視覚の双方を用いて鑑賞することが可能となり、良い点や工夫した点をまとめる作業では、自他の作品の共通点を見つけ、身体性を伴いながら共感しつつあったようにうかがわれた。加えて、自分にはない他者の工夫を見つけ、多様な価値を発見し認め合いつつあったと思われる。

　この創作活動を通して、ほかの表現活動や鑑賞活動に生かしていきたいという発言もあり、新たな価値を創造する力の高まりも見られた。

♻ 子どもの学び

活用場面1

自分で作るのは難しいと思っていたけど、ソングメーカーは簡単に操作できて楽しい！

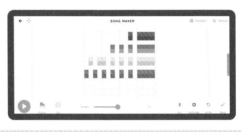

速度を変えるだけで、まったく違う感じになった。

● **活用場面1の子どもの振り返りより**
3つの場面をリズムやテクスチュアを工夫して作ることは難しく、作曲家はいろいろな思いを込めて曲を作っていることが分かりました。これから歌を歌う時は、曲に込められた作曲家の思いを考えながら歌っていきたいです。

活用場面2

リズムを細かくすると気持ちが高まっていくことを表現できる。私も同じ工夫を使った！

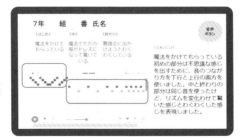

自分は上行する旋律で楽しい感じを表現したけど、下行とつなげると不思議な感じになった。

● **活用場面2の子どもの振り返りより**
今回の創作の授業で自分と同じようにテクスチュアの重なりを工夫してたくさん雨が降る表現している人を見つけた。自分は高い音で音を重ねたけれど、その人は低い音で重ねていて自分よりたくさん雨が降っている様子を表現していると感じた。

（教諭　松本奈月）

<table>
<tr><td>**7年
美術**</td><td colspan="2">**抽象画制作**
―多様なモダンテクニックを知り自己表現しよう―</td></tr>
</table>

■ 教材と単元のねらい

教　　材：美術1　様々な技法で描く（日本文教出版）、形や色をイメージに（兵庫の美術秀学社）
単元のねらい：抽象画について理解し、意図に応じて表現方法を工夫して自己表現に活かす。
　　　　　　　　モダンテクニックと作者の心情や意図に応じた多様な表現について知り、形や色彩などが感情にもたらす効果やイメージなど造形的な視点を理解する。

■ 単元の流れ

① デジタル教科書、Google 検索を使ってモダンテクニックによる描画方法を学ぶ。→**活用場面1・2**
② 他の作品を見て、Jamboard にまとめながら気付いたことを記入。→**活用場面3**

表現力を高める ICT の活用場面

**ICT の何を、
どのように使うのか** ▶
デジタル教科書、Google 検索、Jamboard を使って
デジタル教科書では、類似作品や制作過程動画を見て多くの知識を得る。
Google 検索を用いて、様々な表現技法や、それらを使用して描かれた作品をより知る。作品を多く見ることで、知識を広げる。Jamboard を用いて、感じたことや思ったことを評価しあうことで、知識や技能を深める。

**子どもの変容
（子どもの振り返りより）** ▶
Google 検索することで、イメージできる情報よりも多くの情報を手に入れることができた。また、自分で調べたことで、よく覚えている感じがする。

Jamboard で他の作品を鑑賞して、比較することで、違いや良さを見やすいように感じた。自分の作品にも、いろいろ書いてあってうれしかった。

活用場面 1

デジタル教科書と QR コード読取
学習のねらい：これからの制作イメージをもつ。
活動：関連画面を拡大したり、QR コードから関連動画を見て、情報を取得する。

動画で見ることで、動かし方まで真似ができるため、自分が知りたい情報を自主的に知ることができる。

この作品はどのように道具を使用しているのか見てみよう。

活用場面 2

Google 検索
学習のねらい：主体的で活発な作品を制作するために、多くの情報を参照して構想を練る。**活動**：表現には多くの情報が必要であるため、自ら関心がある表現技法を選択して検索し、関連する情報を可能な限り収集する。

技法について調べよう。画像検索することで類似画像の情報が多く得られるので特徴を捉えやすくなる。例）ドリッピング

作家の作品について調べよう。制作風景や作風を見て特徴をつかもう。例）サムフランシス、白髪一雄、ジャクソンポロック

活用場面 3

Jamboard
活動：他の生徒の作品の表現技法に着目しながら、表現の特徴や工夫点など、技術面と感情面についてお互いにコメントする。その際、まずは作品から感じたり思ったりした感覚を大切にし、見つめるよう促す。

技法の使い方や表現の工夫など作品から感じたり思ったりしたところを見つけましょう。

Jamboard に、他の作品についてコメントを記入しよう。

✔ 子どもの姿から見えたこと

　ICT を活用することで、次の３つの場面で変容が見られた。**活用場面１**では、デジタル教科書の使用により、切り抜きの写真だけでは理解がしにくかったり小さくて分かりづらかったりする場面において、拡大しての細部観察や動画視聴をすることが可能になった。そのため、生徒は想像的思考を高めながら、好奇心をもって取り組めた。**活用場面２**では、主に画像検索することで、類似作品や新たな作品を多く知ることができ、想像していく上で大きな材料となった。また、あらゆる表現を知ることで自らの創造力に活かすことができ、学んできた知識をもとに論理的思考を持ち主体的に表現する力が伸びた。**活用場面３**では Jamboard の利用により、それぞれの作品にコメントすることで、生徒は自他の作品の良さを見つけられ、自分の作品に対して客観的な理解と良さを認識することができた。ICT の活用を通して、多くの情報から自分で選択して表現することで、計画的に完成予想を立てる力も身に付き、それぞれのエージェンシーを高め、説得力を持った、より意欲を感じる作品を制作していた。

○ 子どもの学び

活用場面 1

デジタル教科書
QR コード読取

動画で見ると分かりやすい。特に動かし方や、スピードを見ることでイメージが付きやすい。

　拡大することで、細部まで分かって印象に残った。

● **活用場面 1 の子どもの振り返りより**

・拡大ができたり QR コードから関連動画を見ることができたりすることで、興味関心がある場所をたくさん調べて自由に確認することができたので作品イメージがつけやすかった。制作の幅も広げられてと思う。
・制作中にもう一度、画像や動画をデジタル教科書や Google 検索で再度確認することができるのが安心だった。

活用場面 2

Google 検索

少し違うような画像だけど、これも同じ技法を使っているのか！

　この作家のほかの作品も調べてみよう

● **活用場面 2 の子どもの振り返りより**

同じアクションペインティングの技法を使っている作家でも少しずつ違いがあって、小さく細かいのはジャクソンポロックで、刷毛が当たっているような少し雑な感じになっているのはサムフランシス、一番激しいダイナミックなのは白髪一雄。たくさんの作品を比べることでそれぞれの特徴が見えてきたので、これからの制作では、どの技法を使って表現するかしっかり練りたい。

活用場面 3

Jamboard

何の技法を使っているのだろう。

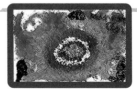 

　どんな、感想を持ってくれているのだろう。表現したかったこと、工夫したところなど、しっかり伝わったかな。

● **活用場面 3 の子どもの振り返りより**

あらゆる技法を知ったことで、他の作品を観察しても、何の技法を使用していて、何を表現しているのかなど、見えていることからだけでなく、鑑賞の幅を広げ深めることができた。

（教諭　森本晃至）

69

8年 保健体育

器械運動
―課題を把握し主体的に取り組む―

■ 教材と単元のねらい

教　　　材：マット運動

単元のねらい：技ができる楽しさや喜びを味わい、器械運動の特性や成り立ち、技の名称や行い方、その運動に関連して高まる体力などを理解するとともに、技をよりよく行うこと。

■ 単元の流れ

① 倒立前転の演技を撮影し、見本となる動画と見比べ自己の課題を見つける。→**活用場面1**
② 生徒間で動画を視聴し合いながらお互いの動きを確認し、他者からの称賛や助言を受けることで、よりよい動きにするために学びを深める。→**活用場面2**

思考を深める ICT の活用場面

ICT の何を、
どのように使うのか　▶▶　**録画機能を使って**
録画機能を使って自らの動きを客観的に確認し、自己の課題に取り組む。

子どもの変容
（子どもの振り返りより）　▶▶

自分の演技を見ることで、どの部分を意識して取り組めばより良い演技になるのかが良く分かったので意欲的に授業に取り組めた。

動画を一緒に見ることで友だちからのアドバイスに納得したり、友だちにアドバイスしたり褒めたりすることがしやすかった。

活用場面1

2つの動画を比べて、どんな違いがありますか。

どのような動きを意識すれば見本のような演技ができますか。

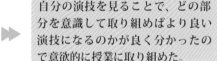

活動①：見本動画をダウンロードした後、子どもに録画機能を使って自分の演技を撮影してもらい、見本動画と自分の演技を2画面にして違いを見比べる。

活動②：2つの動画を比べると、動きの違いに気付く。動きのどの部分が違うのかについて考える。「手を付く位置や目線が違う。」「つま先や膝、腰が伸びていない。」「体が倒れ始めるまでに体を曲げてしまっている。」など、自己の課題に気付くことができる。

活用場面2

うまく演技できたポイントや友だちの課題など気付いたことを伝えよう。

活動：二人組やグループで互いに録画した動画を見ながら、出来栄えを話し合う活動や課題・練習方法を修正する活動を行った。活用場面1で自己の演技の課題や修正点に気付くことができているので、「ここが難しい」「何処を意識したのか詳しく教えて」など意欲的に対話することができていた。また、一人で見出した課題とは異なる課題に気付くことができた。

✔ 子どもの姿から見えたこと

1つ目に、動画を活用することで、自分の演技と見本の動画を見比べ、それぞれの動きの違いを客観的に分析し、自らの課題を見出すことができた。課題が明確になることで、練習に粘り強く取り組むことができるようになった。そこでは、動画を用いながら、どこをどう修正するのかといった論理的思考や、効率的に練習に取り組むための計画性も高まりも見られつつあった。そして自己の努力の成果が、視覚的に確認できるため、自尊感情も高まりつつあったのではないかと思われる。

2つ目に、グループ学習を行うことで、相手の課題を正確に見つけ、相手に伝わるように説明する必要がある為、意欲的に対話する力や責任感、誠実性などの力が伸びた。

3つ目に、自己の演技を動画で確認していることにより、他者からのアドバイスを素直に受け入れることができるようになった。また、そこでは、一人で見出した課題とは異なる課題が他者から指摘される場面もあり、多角的な見方を経験することが可能になったと思われる。さらに、より良い演技や課題を修正することができた演技に対しては称賛の声をかけたりするなど、主体的で対話的な学びを活性化することや、思考力、判断力を高めることにつながった。

🔄 子どもの学び

活用場面 1

自分の演技は見本の動画と比べて体が反りすぎたり、足がひらいてしまっているなあ。

手を付く位置や目線、腹筋にもう少し力を入れたり、つま先まで伸ばすことを意識してみよう。

● 活用場面1の子どもの振り返りより

自分の演技を動画で確認することで課題や修正点を確認しながら練習に取り組めるので、自分ではできていたつもりでもできていないところに気付けたり、練習の成果が分かりやすかったりしたので意欲的に取り組むことができた。

活用場面 2

ペアの人の課題も自分の課題と似たところが多いな。これなら自分でもアドバイスができそうだ。

動画は繰り返し見たり、止めたりできるからポイントの確認がとてもしやすい。

● 活用場面2の子どもの振り返りより

技のポイントを意識してペアの人の演技を撮影することができた。また、自分の課題を再確認することや、動画で確認することでより細かくチェックすることができたのでアドバイスや良い演技をほめたりすることができた。

（教諭　寺脇直毅）

チームの連携強化
―苦手な生徒が参加しやすいゲーム作り―

Jamboard

■ 教材と単元のねらい

教　　　材：球技（バスケットボール）
単元のねらい：・安定したボール操作で空いている空間をつくり、有利にゲームを進める。
　　　　　　　・攻防の作戦を立てることで自己やチームの課題を発見する。

■ 単元の流れ

① 守備の作戦を立て、班全員で共有する。→チーム内での自分の役割を明確にする。→活用場面1
② 空いている空間を作り出すための作戦を立てる。→作戦会議で思考を深める。→活用場面2

思考を深める ICT の活用場面

ICT の何を、
どのように使うのか
▶
Jamboard を使って
作戦会議でフォーメーションを決定し、役割を理解した後に試合を行う。

子どもの変容
（子どもの振り返りより）
▶
球技が苦手だったが、作戦会議で自分の役割が事前に確認できたおかげで、試合に参加しやすくなった。

試合の前後に作戦会議をして、以前よりもたくさん点を決めることができた。

活用場面1

生徒の実態： バスケットボールの授業では、ボールの周りに人が集まって試合が進まない場合や、何をしたら良いか分からずコートの端に立ったまま試合に参加しない生徒がいる場合がある。
学習のねらい： フォーメーションを決め、自分の役割を理解してから試合を行うことで、体育が苦手な生徒が試合に参加しやすくなる。

活動①： Jamboard にバスケットボールのコート図を背景で挿入し、人を表す△と□、ボールを表す○を必要数挿入する。
活動②： 相手にボールを取られたら、自分は誰をマークするか、どこに移動するかを□を移動させながら班で確認し、守備の作戦を決める。
活動③： ②その作戦をもとに試合を行う。
　　　　　　その後、活動②、③を繰り返す。

活用場面2

学習のねらいと ICT 活用のねらい： ICT を活用することで作戦ボードを容易に削除・追加することができ、何パターンもの作戦を考えることができる。Jamboard を共有し、リアルタイムで確認できるため、話し合いが活発になり、生徒の思考が深まる活動を行える。

活動①： 活用場面1の試合で相手の守備のフォーメーションを理解する。
活動②： 相手の守備を崩すための作戦を、△・○を動かして班で共有する。
活動③： 試合を行う。

✔ 子どもの姿から見えたこと

　活用場面1で、あらかじめ Jamboard を用いて自分の名前をいれた△・□を動かしながら作戦会議を行った。コートを俯瞰し、動きを視覚的に確かめることで、自分の動きが理解できず、試合中動くことができなかった生徒が積極的にゲームに参加する姿が見られ、体育に苦手意識のある生徒の意欲向上にもつながった。

　活用場面2では、ゲームの動きを自分たちで再現しようと試行錯誤を繰り返す中で、「自分がこの方向にドリブルをしたら相手がついてきて、ゴール前に空間ができる」といった発言が見られた。このように相手の守備を崩すためにどのように攻めるか、空いている空間をどのように作り出すか等、自分のチームの課題を解決するためにチームで話し合い、論理的に考えることができた。

　Jamboard を活用することでホワイトボードとは違い、手軽にページを削除・追加ができるため、より多くのパターンを短時間で考えることが可能となる。そのため話し合いが活発になり、協調性やゲームを展開していくための計画性を高めつつあった。更にコートを俯瞰することで、空間を認知する力が高まる可能性も示唆された。

🔄 子どもの学び

活用場面 1

事前に自分がどう動いたら良いか分かるから試合が怖くなくなった！

ボールを持っている人だけでなく、持っていない人のマークや、フォーメーションを考える必要がある！

● 活用場面1の子どもの振り返りより

私は運動が苦手なので、最初はボールを持った人が前に来たら邪魔をするだけしかできませんでしたが、作戦会議の中でどの人のマークにつけば良いか分かったので、積極的に試合に参加することができました。

活用場面 2

パスを受ける時に、すぐにボールをとられていたけど、自分が動くことでパスをもらえるようになった！

作戦通りに空いている空間を作れたらシュートが打てる回数が増えて、どんどん点数が入るから面白い！

● 活用場面2の子どもの振り返りより

ただフリーの人にパスするだけではゾーンディフェンスを崩せなかったので作戦会議をしてドリブルやパスの順番を決めました。うまくゴール前が空いてシュートを決めることができたので、とても嬉しかったです。

（教諭　井田健太郎）

5年 家庭

調理の手順を考えよう
—プログラミング的思考を用いて、調理の手順を考える—

■ 教材と単元のねらい

教　　　材：わたしたちの家庭科5・6　クッキングはじめの一歩（開隆堂）
　　　　　　学習者用デジタル教科書　デジタル教材【調理の手順 並びかえクイズ】
単元のねらい：調理をすることの良さや、調理の手順、調理用具の使い方を理解する。材料に適したゆで方を理解し、調理する。

■ 単元の流れ

① 調理をすることの良さを見つける。
② 調理の手順を知って、青菜やいもをゆでる。→活用場面1・2
③ ゆでる調理を生かして、料理を作る。

⌁⌁ 思考を深める ICT の活用場面

ICT の何を、
どのように使うのか　▶▶

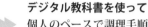

デジタル教科書を使って
個人のペースで調理手順への理解を深める。並べかえが容易なデジタル教材を用いることで、試行錯誤がしやすくなり、意見交流が活発化する。

子どもの変容
（子どもの振り返りより）　▶▶

手順クイズで並べかえながら考えるのが楽しかったです。調理の手順が、完璧に頭に入りました。早く調理実習がしたいです。

初めてゆでる調理をしたので成功するか不安だったけど成功したのでよかったです。実習前に、どうしてその順番になるのか理由も考えられたのがよかったです。

活用場面 1

動画を視聴して、青菜のゆで方を知ろう。

活動：動画を視聴することにより、「たっぷりの湯」の量や、「水にとる」動作を視覚的にイメージできるようになる。
授業者は、休み時間や家庭などの授業外でもデジタル教科書や動画コンテンツを視聴するように声かけをする。

活用場面 2

グループで意見交流し、どうしてその手順にしたかの理由を伝え合いましょう。

活動①：デジタル教材【調理の手順 並び替えクイズ】を用いて、手順カードを並べかえながら、調理手順をプログラミング的思考を働かせて捉える。
活動②：手順カードを並べかえた画面を見せ合いながら、「青菜をゆでる時は、切ってからゆでるのか、ゆでてから切るのか…。」「洗った後は、しぼる…。いや、しぼるのは、ゆでて水にとった後じゃないか。」など、理由を述べて友だちと意見交流し、正しい手順についての理解を深める。

✔ 子どもの姿から見えたこと

　活用場面1では、手元で画像や動画を詳しく見ることができ、知識・技能の確かな習得につながった。また、その過程で自分の得意や不得意に合わせて、使うコンテンツを変えるなどしながら学習を進めていたが、それによって自分に合わせて学習を調整する力や計画性が養われているように感じた。

　活用場面2では、正しい調理の手順をカードを並べ替えて考えるクイズという遊びの要素が加わったデジタル教材を活用することで、全員が抵抗なく議論に参加することができ、順序を考える中で自然と生活経験に基づいた論理的思考が促された。

　また、デジタル教材は動画の再生・停止が容易なため、授業内外で何度でも繰り返しての学習が可能となる。今回の調理場面に限らず、玉結び、玉どめ、ミシンの糸かけなども、拡大や縮小をしたり、再生速度を変えたりしながら、何度も見直せるようになっている。これによって、子どもたちはそのやり方を視覚的に理解しやすくなり、「玉どめ、分からないしもういいや」となっていたのが、何度も再生しながら、基礎的技能の習得に粘り強く取り組むようになった。技術家庭科で学ぶ内容は今後の生活の基礎となるものであり、ICT活用によって、生きていく上で必要な基礎的生活スキルが養われやすくなったと考えられる。

🔄 子どもの学び

活用場面 1

根っこのところの土を落とさないといけないから洗い方に気をつけよう。

包丁で先に切るのかな。ゆでた後に切るのかな。よく分からないところは巻き戻してみよう。

しぼるのが難しそう。付箋でポイントを残しておこう。

● 活用場面1の子どもの振り返りより
動画で確認できたから、分かりやすかった。調理実習も上手くいきそう。

活用場面 2

切ってからゆでると、バラバラになって盛りつけがしにくいから、ゆでてから切ると思います。

作業の順番には意味があるはず。ゆでたら、水にとる。すぐに冷まさないと、色が悪くなるから。

● 活用場面2の子どもの振り返りより
並べかえクイズは、手順カードを簡単に動かせたので、考えやすかったです。
計画を立てて流れをつかむことができました。
ゆでる時に根元から入れるのは、やわらかい葉っぱと時差をつけるためだと分かりました。
ほうれん草を水にとるっていうのは熱いところから冷たい水に入れるという意味と知りました。
水につけて急激に冷ますと、あくがなくなるのと、緑色がきれいに仕上がるそうです。

（教諭　田村範子）

8年
技術・家庭
（家庭分野）

栄養バランスのよい1日分の献立を作ろう
─中学生に必要な量はどれくらいだろう─

■ 教材と単元のねらい

教　　　　材：技術・家庭　家庭分野（教育図書）

単元のねらい：食品の栄養的な特質について理解する。食品群別摂取量のめやすを活用し、中学生に必要な
　　　　　　　1日分の栄養を補えるよう献立を作ることができる。

■ 単元の流れ

① 朝食と夕食に使用した食材を6つの基礎食品群に分類し、概量をデジタル教科書に記入する。**→活用場面1**

② 不足している食品と量を考えながら昼食の献立を作成し、発表する。**→活用場面2**

思考を深める ICT の活用場面

ICT の何を、
どのように使うのか　▶▶

デジタル教科書・スライド

・考えた過程をデジタル教科書に書き込んだり、デジタル付箋に記録したりする。

・献立を作成してスライドにまとめる。他者の発表を聞いて評価し合う。

子どもの変容
（子どもの振り返りより）　▶▶

デジタル教科書の付箋に考えたことをどんどん貼り付けていくことで、献立作成の手順が分かりやすくなった。また、分からないところを質問しやすくなった。

スライドに写真を用いることで、「視覚的に彩りの偏りを改善すれば栄養価が高まる」ことに気付いた。他者の発表を聞いて様々な献立ができることを知ることができて楽しかった。

活用場面 1

学習のねらい：不足している栄養素は何か、その栄養を補うための食材は何かを考える。

活動：考えた過程をデジタル付箋に記録し、デジタル教科書に貼っていく。

朝食と夕食に使われている食材以外の材料を使って、栄養のバランスが取れた昼食の献立を考えよう。

調理方法や季節感なども取り入れて、食事が楽しくなる工夫をしよう。

活用場面 2

他者のアドバイスを聞いて、再編集してみよう。

よくできていることろや改善したほうがいいところを伝え合おう。

・ご飯
・かきたまスープ
・冷しゃぶ
・ポテトサラダ
・タコときゅうりとわかめの酢の物

学習のねらい：栄養バランスだけでなく、季節感、調理時間、費用、食物アレルギーなど多様な視点から献立を考えることの大切さに気付く。

活動①：活用場面1で考えた内容を踏まえて献立を作成する。

活動②：発表後に他者と意見交換をする。

✔ 子どもの姿から見えたこと

　活用場面1では、自分の考えをデジタル付箋に記録し、デジタル教科書に貼り付けて残せるため、後で見返した時に献立作成の手順を確認しやすくなった。献立作成の時間が足りず完成しなかった生徒も、どこまでできていたのか、思考の過程や結果が可視化され、他者と共有することができた。これにより、子ども間での対話が促進され、「2群を補うためにサラダに海苔を入れてみよう」というように、何をどうすればよりよくなるのか、論理的に考えられるようになりつつあった。また、地産地消という表現から、学びを地域や日常生活と結びつけて考えようとする姿勢が育まれつつあったと言える。

　活用場面2では、スライドを使用することで、作成した献立を、写真等を用いながら分かりやすく提示しやすくなり、伝えたい内容を端的にまとめることができた。これまでも他者に伝わりやすい工夫をして発表を行ってきたが、ICTを活用することでそれが容易になったり、工夫の方法が広がったりした。そのため、他者の視点に立って、分かりやすく伝えようとする意欲が高まったように思われる。また、それを用いて発表すると、他の子どもたちも意見が言いやすくなり、お互いのいいところとともに、改善点やアドバイスも伝えやすくなった。これにより、自身の課題とそれを乗り越える方法が分かり、より深く考えて意欲的に学ぶ姿勢と、食事を楽しもうとする様子が見受けられた。

🔄 子どもの学び

活用場面 1

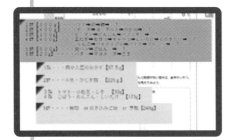

2群を補うためにサラダに海苔を入れてみよう。
兵庫県産の坊勢海苔を使えば地産地消にもなる！

朝食と夕食では同じ野菜が使われているので、
旬のトマトや紫蘇を使って夏レシピにしよう。
主食はかつ丼にしたいので、主菜や副菜でさっ
ぱりとした味付けのもので合わせよう。

● 活用場面1の子どもの振り返りより

デジタル教科書に予め書き込んでいたメモを確認しながら、不足している栄養素の食材を組み合わせて献立を作ったので、思ったより早く完成できました。2群を補う海藻類・乳製品・小魚を使った食事を取り入れるのがポイントだと思いました。

活用場面 2

好きな献立ばかり組み合わせると美味しそうだが、野菜が少なくなってバランスが取れない。全体的に量も多すぎる。味噌汁に野菜を入れるとよくなるかな。

韓国料理は考えつかなかった。いろいろなバリエーションがあると毎日の食事が楽しみになる。

● 活用場面2の子どもの振り返りより

友だちの発表を聞いて、韓国料理や夏のレシピなど「テーマ」を設定し、使いたい野菜に変えて作るとオリジナルの献立ができておもしろいと思いました。誰が食べるかによっても使う食材を変えていかないといけないので、そこが難しいところだと感じました。毎日の食事が楽しくなるように考えたいです。

（教諭　小倉希）

情報の技術
―目覚まし時計の音楽をプログラミングしよう―

コロックル

■ 教材と単元のねらい

教　　　材：マイクロコンピュータ制御の目覚まし時計「コロックル」の製作
単元のねらい：双方向性のあるコンテンツを利用して、プログラミングによる計測・制御システムの制作を
する。

■ 単元の流れ

① 「メロディー」プログラムの制作と「目覚まし」プログラムの制御システムの構築。
② タブレットと「コロックル」との双方向性を利用した各データのインストール。

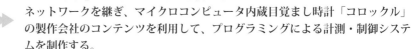
思考を深める ICT の活用場面

**ICT の何を、
どのように使うのか** ▶▶

「コロックル」アプリケーションを使って
ネットワークを継ぎ、マイクロコンピュータ内蔵目覚まし時計「コロックル」
の製作会社のコンテンツを利用して、プログラミングによる計測・制御システ
ムを制作する。

**子どもの変容
（子どもの振り返りより）** ▶▶

自分が作った機械を、自分が作っ
たプログラムで作動させることが
できたので、小さな修正ができ、最
後の最後までこだわって作品を完
成させることができた。

毎朝、自分がプログラミングした時
計で、目を覚ませられるということ
は、ICT 技術だけではなく、IoT 技
術だと思った。

活用場面 1

学習のねらい：コンテンツを利用して「メロディー」プログラムを作成する。
活動①：メロディーは、画面上のピアノの鍵盤を叩く方法で入力し、タブ
レットで音を再生する。
活動②：作成後は、タブレットとコロックルを接続し、プログラム
をタブレットからコロックルにインストールする。
活動③：コロックルにインストール後の音確認は、双方向性を利用
してタブレットでコロックルを操作する。
→自宅のパソコンと製作会社のコンテンツとをネットワークで継ぐ
ことにより、各家庭でもプログラミング学習ができることを知る。

タブレット内のシ
ステムではないの
で、終了時には必
ず保存する。

タブレットを
使った音の確
認と、コロッ
クルを使った
音の確認のボ
タンをまちが
えない。

活用場面 2

学習のねらい：「目覚まし」機能を自作の「メロディー」音に変更
できるプログラムを作成する。
活動①：アラームの設定時間に自作の「メロディー」音が作動す
るプログラムを作成する。
活動②：作成後は、タブレットとコロックルを接続し、プログラ
ムをタブレットからコロックルにインストールする。
活動③：コロックルにインストール後は、双方向性を利用して、タブレッ
トからコロックルの現在時間とアラームの時間を設定し、動作確認をする。
→これらにより、教材製作会社のコンテンツとタブレットの双方向性と、
タブレットとコロックルとの双方向性を利用する学習を通して、パソコン
と各種電気機器とをつなぐ技術があることを知る。

タブレットから
コロックルの現
在時間とアラー
ムの時間の設定
ができる。

変更したプログラム
は、コロックルの実行
操作をしないと、ア
ラーム音が作動する。

✔ 子どもの姿から見えたこと

　活用場面1では、教材の製作会社のコンテンツを利用することで、タブレットの内のシステムではできないプログラミング学習することが可能となった。また、製作会社とタブレットとの双方向性を利用し、自作のデータを製作会社のサーバーに保存することで、自宅のパソコンでもアクセスができ、問題解決学習の機会を増やすことができた。

　活用場面2では、タブレットとコロックルとの双方向性を利用して、身近なIoTのしくみを学んだ。まず、自作のマイクロコンピュータ内蔵目覚まし時計「コロックル」にメロディーの音源の入力を行い、次に、動作確認プログラムを目覚ましプログラムに書き換えることで、パソコンと各種電気機器とをつなぐ技術を習得した。これらを通して、生徒は、日常生活の中で情報技術がどう活用されているかを知り、自身でもそれを活かすことで、日常生活をより豊かに変えられると気付けた。

　上記の学習の中で、生徒たちは「楽しい」「チャレンジしてみたい」「学級でコラボレーションしてみたい」といったように、情報技術を積極的に習得しつつ、他者との協働による新たなプログラムの創造にも意欲を高めた。これらは、イノベーションや新たな知を生み出す原動力になると思われる。その際に、教材の製作会社のコンテンツが自宅でも利用可能であったことが、授業外での生徒の主体的な活動をも促進したと考えられる。

○ 子どもの学び

活用場面 1

自分が好きなグループの曲を楽譜通りに入力することができたので簡単で楽しかった。

楽譜と出力した音に少し違いがあるので、微妙な調整が必要なのが面倒ではあるが、そこが楽しい部分でもあった。

● 活用場面1の子どもの振り返りより
メロディーの入力は、画面上のピアノの鍵盤をたたいていく方法で、入力が簡単なだけではなく、自分が思い描いている曲と入力後のタブレットで再生した音、実際にコロックルからでる音の確認も簡単で、修正しやすかった。

活用場面 2

目覚まし機能のプログラムは、アイコン入力なので手順を覚えると簡単にできた。

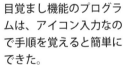

コロックルは、温度センサー、光センサー、マイクの機能もあるのでそれを使ったプログラムもチャレンジしたい。

● 活用場面2の子どもの振り返りより
コロックル温度センサー、光センサー、マイクの機能もあるので、目覚まし機能のプログラムだけで使うのはもったいないと思います。だから、それらを使ったプログラムにも、ぜひチャレンジしてみたい。できれば、学級でコラボレーションしたものがしてみたい。

（教諭　井内友三男）

7年 英語 登場人物になりきって、英語を音読しよう
—デジタル教科書を使って表現力を高めよう—

■ 教材と単元のねらい

教　　　材：NEW HORIZON 1　Unit 5　A Japanese Summer Festival（東京書籍）
単元のねらい：音読練習を繰り返し行うことで、音読の質を向上させ、英語独特の表現を楽しむ。本文をモデルとしながら、身近な体験についてスピーチができる。

■ 単元の流れ

① デジタル教科書を使って、自分のレベルに合わせて音読練習を繰り返しする。**→活用場面1**
② 班の中で発表し合い、気付いたことを振り返りフォームに入力する。**→活用場面2**

〰 表現力を高める ICT の活用場面

ICT の何を、
どのように使うのか　▶▶

デジタル教科書の書き込み・速度調整・リピート・マスク機能などを使って
デジタル教科書の多様な音声機能を利用することで、自分のペースで音読練習を進めることができ、その後、振り返りフォームに入力することで、自分の音読を客観的に見つめることができる。

子どもの変容
（子どもの振り返りより）　▶▶

デジタル教科書を使うことで、ネイティブスピーカーの発音を何度も聞くことができ、本物の英語に簡単に触れることができた。

デジタル教科書の速度調整機能やリピート機能を使って練習することで、ステップを踏んで自分のペースで練習できた。

活用場面 1

学習のねらい：デジタル教科書を使って音読練習をすることで、自分のペースで練習し、英語独特の表現を楽しむ。
活動①：ネイティブスピーカーの発音をナチュラルスピードで聞き、英語らしい発音、独特のリズムを感じ取る。聞きながらペン機能を使って、読みにくい単語をチェックしたり、アクセントやスラッシュを書き込んだりして、何回もネイティブの発音を聞く。
活動②：自分のレベルに合うスピードに調節して、リピート機能を使って、音読練習を繰り返す。自分に合ったスピードから、徐々にスピードアップしていき、ナチュラルスピードで読めるようになるまで何度も繰り返し音読練習をする。
活動③：スムーズに音読できるようになったら、マスク機能を使って、どのくらい隠して読めるか、挑戦する。マスク機能を使って読めるようになるには、文の構造を理解する必要がある。また音読練習を重ねることで、単語と単語のつながりや文と文のつながりを自然と身に付けることができる。

活用場面 2

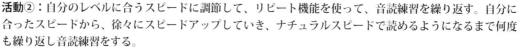

学習のねらい：自分の音読練習の成果を班で発表し、お互いに自分の発表について振り返る。
活動①：班の中で順番に自分の練習したパートの音読を発表する。聞いている人は発表後、発表者に感想やアドバイスを言う。授業者は、生徒全員が一人ひとりの発表者にアドバイスを必ず伝えるように促す。
活動②：自分の音読について客観的に分析し、振り返りフォームに入力する。この際、授業者は、生徒が以下の四点を記入するよう伝える。（1）自己評価、（2）周囲からのアドバイス等を含めた他者評価、（3）自己評価と他者評価への感想、（4）デジタル教科書を使って音読練習した感想

✔ 子どもの姿から見えたこと

　活用場面1では、英語で発表することに苦手意識を持っていた生徒が、デジタル教科書を使い始めてからは、自主的に練習に取り組み、少しずつ人前で音読できるようになってきた。デジタル教科書の利点はCDとは異なり、ネイティブスピーカーの発音を聞きながら、自分の注意するポイントを何度も書き込めるところである。また、自分のレベルに合わせて練習できるところも特長の1つである。その際、スラッシュや抑揚、アクセント記号などの視覚的な援助もあるので、音読が苦手な生徒には有効である。さらに、スピード調節機能やマスク機能もあるため自分のペースで繰り返し練習ができ、音読のレベルアップにもつながる。その結果、英語独特の発音やリズム、テンポを意識しながら音読する生徒が増え、英語を話す楽しさを感じているようであった。加えて、デジタル教科書にはQRコードもついており、家庭でも計画的に音読練習できるようになっている。それを通して、英語で表現できる力の高まりが見受けられた。

　活用場面2では、班で発表し合った後にフォームに振り返りを入力することで、客観的に自分の音読を省みることができていた。教師もすぐに個々の振り返りを確認し、その場でフィードバックできるため、発表後も仲間や教師からのアドバイスを参考にしながら、お互い積極的に練習し合う姿が多く見られた。

🔄 子どもの学び

活用場面1

bench, hair, dance, juice
などの単語も英語らしく
発音しよう。

マスクを付けて挑戦したら、より集中して
聞く必要があるな。単語と単語がつながっ
ているみたい。

● **活用場面1の子どもの振り返りから**
身近な単語でもカタカナ読みにならずに英語らしい発音を意識したい。マスクを付けて、挑戦するとより集中してネイティブスピーカーの音読が聞けた。ナチュラルスピードをめざして練習するうちに、単語と単語のつながりや、文と文のつながりが分かってきた。

活用場面2

発表するのは緊張したけど、何回も練習したから自信を持って読むことができた。いざやってみると、スラスラ英語が出てきて、自分でも驚くほどスムーズに読めた。

友だちからアドバイスをもらうと、自分のことがよく分かった。また、人にもアドバイスをしないといけないので、真剣に発表が聞けた。

● **活用場面2の子どもの振り返りから**
お互いにアドバイスをし合うことで、自分の音読を客観的に知ることができた。自分の英語を自信を持って発表することができてうれしかった。また、自分の振り返りをフォームに入力することで、自分の音読を十分反省することができ、弱点も分かったので、もっとレベルアップしていきたい。

（主幹教諭　竹川友美）

行ってみたい場所を紹介する
―スライドを使ったプレゼンテーション―

スライド

■ 教材と単元のねらい

教　材：Think Globally, Act Locally（東京書籍中1年）
　　　　 Stage Activity 1 A Message to Myself in the Future（東京書籍中2年）
単元のねらい：行ってみたい場所などを紹介する表現を理解し、発表することができる。

■ 単元の流れ

① 自分の行ってみたい場所、そこで体験してみたいことについて調べる。
　 写真や英文を活用し、できるだけたくさんのスライド作りをする。
② グループで発表し、伝え合い、気付いたことや分かったことをまとめる。

表現力を深める ICT の活用場面

ICT の何を、どのように使うのか ▶

スライドを使って
調べたことを分かりやすくまとめよう。英語で表現しよう。
行ってみたい場所やそこで体験してみたいことを英語で表現する。
友だちと発表し、お互いに質問やアドバイスをして、改善する。

子どもの変容（子どもの振り返りより） ▶

友だちの準備の様子を知ることができて、自分の発表をさらに工夫することができた。
たくさん調べることができた。

ICT を用いることで、友だちに感想を届けることができてよかった。
もっと英語で表現したいと思った。

活用場面 1

まず行きたい場所の観光地や食べ物やできることを Google 検索してみよう。

キーワードから具体的に例を挙げて調べてみよう。

図やイラストを付け加えて魅力をより伝えよう。

活動：英作文の材料を収集するために、国や地域を検索し、特徴的な内容を調べる。学習を進める際には、「英語で何と言うか分からない」といった状況にある子どもに対して、ネットを積極的に活用して調べたり Google 翻訳を使用したりしてよいことを伝え、まずは英語を身近に感じてもらうようにサポートする。また、紙と鉛筆での学習が苦手な場合、「コピーして貼り付けてもいいし、入力してもいいよ」と、書く作業の負担を減らすようにする。

活用場面 2

グループで発表し、伝え合い、気付いたことや分かったことをまとめよう。

どんなところを改善したら、より分かりやすく伝わるだろう。

学習のねらい：発表と交流を通じて、自己肯定感を育み、達成度を高める。
活動①：電子黒板にスライドを映しながら、グループで発表する。
活動②：発表の内容の分かりやすさやおもしろさがスライドから伝わって来たか、発表者に文章のよかった点など、意見交流をする。その際、発表する側、発表を聞く側の双方の良い点を相互に伝え合う。
活動③：全体の感想の中からよいと思う感想を選び、クラスに紹介する。

✔ 子どもの姿から見えたこと

　活用場面1では、Chromebookを使用することで、好奇心に応じて即時に英語の表現を調べられ、伝えたい、表現したいという気持ちをスライドに表現することができた。また、英作文の苦手な子どもも、Google翻訳等を用いて表現方法を知り、そのまま使えるため、意欲的に取り組めていた。そのため、ためらったり、あきらめたりすることなく、英語表現の幅を広げることができ、英語でのコミュニケーションに関心を持てるようになった。

　活用場面2では、スライドを用いて発表内容を作成したため、写真や動画を挿入することが可能となり、子どもたちは友だちの発表内容をより深く理解しつつあった。また、スライド上にキーワード等を示し、原稿を見ずに話す練習を行う中で、どうすればより分かりやすく伝わるかについて試行錯誤した。同時に、他者が聞きたくなるよう、笑顔で発表をする練習も行った。その結果、他者に伝わりやすく楽しい雰囲気を醸成する発表スキルを身に付けられたと考えられる。さらに、その過程では、伝わりやすさを分析し、構造的に原稿を作成するための論理的思考力が高まりつつあったようであった。なお、笑顔での発表が可能になったのは、教室にすでに指示的風土が醸成されていたためである点を追記しておく。

🔄 子どもの学び

活用場面 1

具体的にたくさんの種類のピザを調べていてすごいなぁ。

美術館の魅力を伝えるために展示物の紹介もして工夫しているね。

I want to visit the Louvre Museum too.

観光地について今までに授業で学習したことを振り返ったね。

● 活用場面1の子どもの振り返りより
観光地や料理の特徴についてもっと知りたいという、中間発表での友だちの意見をもとに調べ学習を進め、スライドの内容をさらに充実させる工夫を重ねていた。

活用場面 2

ほんとうに一緒に旅をしている気持ちになれる流れだったね。

グループで発表したから、友だちの前で発表する勇気が持てた。

クイズ形式になっていて、みんなで参加できてうれしかったよ。

● 活用場面2の子どもの振り返りより
英語だけでなくスライドの中の写真や動画を見たことで、友だちの伝えたい内容をより深く理解できるようになった。内容についての会話をきっかけに学習に興味を持つようになった。

（教諭　横山あや菜）

海外のペンパルと手紙のやり取りをしよう
―ICT を使って様々な表現方法に挑戦―

■ 教材と単元のねらい

教　　　　材：New Horizon　Let's Write 1　有名人への手紙（東京書籍）

単元のねらい：ペンパルに自分や学校について紹介するために、表現方法を工夫しながらメールを書こう。
ICT を活用して、自分で英作文したり、添削してみよう。

■ 単元の流れ

・単元全体の流れ、本時の位置付け

① 教科書のファンレターを読み、手紙の書き方を知る。ペンパルに自分や学校を紹介する文を作成する。
→活用場面 1

② ペンパルからの返信を読み、返事を書く。**→活用場面 2**

📈 思考を深める ICT の活用場面

ICT の何を、どのように使うのか ▶ **Google 検索や Google 翻訳を使って**
短時間で色んな表現方法を探したり比較することで、英作文に時間をかけることができる。Google 翻訳を使い自分で添削することによって、英文の質が向上する。

子どもの変容（子どもの振り返りより） ▶
検索してみると、色んな表現方法があって自分が伝えたいことが書けてうれしかったです。

自分が作文したものがちゃんと伝わるか不安だったけど、自分で添削できたのでどんどん挑戦できて楽しかったです。

活用場面 1

色々な表現方法を見つけて、自分の伝えたいことに活用しよう。
自分が作った英文を Google 翻訳を使って、正しい文になっているか確認してみよう。

学習のねらい：自力では思い浮かばない難しい表現や長文を作ることに試行錯誤しながら挑戦し、自信や創造的思考力を高める。

活動①：自分と学校について伝えたいことをドキュメントに作文していく過程で、英語ではどんな表現の仕方が他にあるのかを検索する。

活動②：Google 検索・Google 翻訳を用いて、色んな表現を見比べたり、意味の違いを知ることで、より自分が伝えたい内容に合う表現を見つける。

活動③：見つけた例文を応用し、英語で作文し直す。なお、英語が得意な生徒は、Google 翻訳を用いて自分の英文を日本語に翻訳し、イメージ通りの表現になっているか確認する。

Dear Bonnie,
Hello, Bonnie. How are you? I'm good. Today, I will tell you about my school memories. I went on a school trip to Nagasaki and Fukuoka in April. I learned about wars, peace, and the history of Nagasaki. I went to Huis Ten Bosch, too. It was so fun! I want to go there again. I also decorated the Japanese cup by painting. It was difficult for me, but it was so fun! Have you ever been on school trips before? Where did you go? And what did you do there?
　I danced Soran Bushi(a traditional dance of Hokkaido) with all of the students of my school for the sports day in November. It was so hard, but it was so exciting! Well, I have more school memories, but I will write the rest again. I want to listen to your memories. Tell me about it, please.

<Questions>
I have some questions about the United states.
1. In Japan, we go to elementary school for six years, junior high school for three years, and senior high school for three years. Later we go to University. How about the United States? Are there any differences between Japan and the United States?
2. In Japan, we study English at school. What foreign languages do you study at school in the United states? And, how do you learn Norwegian? By yourself?
3. Do you like any Japanese things like food, kimono, buildings, nature, music, art? I love Japanese food such as sushi, tonkatsu, and nikujaga(the dish of stewed meat and potatoes). And what Japanese things do you like?

Best regards, Haruka

活用場面 2

ペンパルからの返信を読んで、分からない単語や表現を調べてみよう。
手紙の内容を、英語で分かりやすくクラスメイトに伝えよう。

学習のねらい：
Google 検索を批判的に見る力を養うとともに、異文化理解を楽しみながら reading、speaking, listening の力を高める。

活動①：ペンパルからの返信を読んで、分からない表現は言語検索機能で調べ、また辞書を使ってその意味が合っているか確認する。

活動②：ペンパルやペンパルの通う学校について分かったことをクラスの中で英語を用いて伝え合う。

✔ 子どもの姿から見えたこと

　活用場面1では、生徒が英語を「言語」としてこれまでよりも捉えやすくなり、論理的に作文ができるようになった。英語で作文をする過程では、既習内容だけでなく新しい文法や単語にも自然に触れることができ、生徒は楽しみながら主体的に英語が学習できていた。特にこれまで英語に苦手意識のあった生徒の多くは、Google 検索で気軽に調べたり、短時間でたくさんの表現を見比べたりして、より自分らしい手紙を書くことができるようになった。そのことで「伝えることの楽しさ」を感じ、英語はコミュニケーションツールの1つだと気付き、苦手意識が軽減したようであった。

　活用場面2では、ペンパルからの返事の中の分からない単語や表現を意欲的に自分で調べて内容を理解し、英文を読むことを楽しんでいた。またクラスで伝え合う時には、知っている単語に置き換えたり、ジェスチャーを使って分かりやすく伝えようとしていた。

　本学習を通して、それぞれが英語を使って異文化理解を楽しむことができたように思われる。また、メールを使うことでペンパルとの頻繁なやり取りが可能になり、気軽さが増したようであった。そのため、回を重ねるたびに、失敗を恐れずに挑戦する姿も多く見られるようになった。その後の授業では、speaking では積極的に伝える生徒が増え、writing では論理的に文章を書く意識が高まったように見受けられた。また、長文読解などの reading では、発信者の考えやその内容を文全体から推測して理解を深めようとするなど、全ての活用場面で生徒の変容が見られつつあった。

🔄 子どもの学び

活用場面1

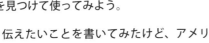

色んな言い方があるのが分かったから、
一番合うのを見つけて使ってみよう。

　　伝えたいことを書いてみたけど、アメリカ人の中学生にちゃんと伝わるのかなぁ。

● **活用場面1の子どもの振り返りより**
英語での手紙は、初めはどう書いていいか分からず進みませんでした。けれど、調べてみると色々な表現方法が見つけられて、書きたいことがどんどん出てきました。自分が伝えたいことを書くことができてうれしかったです。ペンパルからの返事も楽しみです。

活用場面2

アメリカと日本の学校や文化に違いがたくさんあって、おもしろい！！

ペンパルからの手紙難しかったけど、一人で全部読めた！　お互いのペンパルを英語で紹介し合って、他の人の話も聞けて楽しい！

● **活用場面2の子どもの振り返りより**
ペンパルからの返事の中で分からない単語や表現もあったけど、Google 検索で調べて理解できました。手紙には、中学校で習った文法や単語がたくさん使われていてびっくりしました。初めて英語でコミュニケーションを取ってみて、英語は「ことば」なんだと実感しました。もっと色んなことが話せるように学校の授業で勉強したいと思いました。

（教諭　大塚幸）

<table>
<tr><td>5年
道徳</td><td colspan="2">不合理を乗り越えよう
―道徳専用クラスルームで意見交流を活発に―</td><td></td></tr>
</table>

■ 教材と単元のねらい

教　　　材：『ほほえみ』町の石ひ（兵庫県道徳教育副読本）

単元のねらい：理不尽な条件に屈せず、開墾に向かう平右衛門たちの気持ちを考えることを通して、不合理な状況に問題意識をもち、公平な社会の実現に努めようとする道徳的心情を育てる。

■ 単元の流れ

① 教材文を読み、「問題だと思った点」や「良いと思った点」を出し合う。→活用場面1

② 登場人物の気持ちを考え、個人の意見を全体で共有する。→活用場面2

③ 課題を自分ごととして考える。

思考を深める ICT の活用場面

**ICT の何を、
どのように使うのか** ▶ **Classroom・スプレッドシートを使って**
Classroom で各教材ごとにトピックを作成し、学びの蓄積を行う。スプレッドシートで課題を協働的に発見したり、一人ひとりの考えを共有したりする。

**子どもの変容
（子どもの振り返りより）** ▶ みんなの意見を見て、似ているところがあることが分かるから発表しやすくなった。　色々な人の意見を聞くことができるし、自分の書いた意見にコメントしてもらえると、自分の意見をどう受け止めてもらえているかが分かって道徳の時間に発表しやすくなった。

活用場面 1

活動①：教材文を読んだ後、「問題点」や「良いと思った点」をスプレッドシートに記入する。

活動②：個々の考えが表示された一覧を見て、みんなで考えていく課題を協働的に発見する。

活動③：活動②で発見した課題の問題構造について、公正や平等の観点から議論する。

このお話で「良い」と感じたこと、「おかしい」と感じたことは何ですか。

友だちの意見を見て、そうだ！ と思ったり、なぜ？ と思った意見はありますか？

活用場面 2

活動：スプレッドシートや Classroom の質問機能を使って、主な発問に対する考えや振り返りを打ち込み、それをもとに意見交流をする。

考えをまとめ、答えを打ち込もう。

友だちの考えにコメントを残そう。

✔ 子どもの姿から見えたこと

　活用場面1では、ICTのコミュニケーションツールを使って、一人ひとりの考えがアウトプットできることにより、これまでの挙手発表型や教師指名型での授業と違い、多くの児童の考えを引き出すことができた。ICT活用によって、声を出すことへのハードルが低くなり、発表意欲が高まった。また、自分の考えを表現することが苦手だったり自信がもてなかったりする児童が、お互いの考えを共有できるICTの利点によって、他者の考えを参考にしながら、粘り強く自分の考えをまとめ、発表しつつあった。

　活用場面2では、考えの共有によりコメントのやりとりができ、今まで以上に相手を認める共感力が高まった。また、これまで活発に発言していた児童も、他者の考えに触れる機会が増え、「そんな考えもあるんだ。」と多様な価値を尊重でき、「自分も誰かのことを考えて行動できるようになりたい。」との思いをもちつつあった。

　このように、ICTによって児童一人ひとりが考えをアウトプットし、全体で共有することで、主体的な学びが促進された。そこにこれまでの口頭による話し合いを効果的に取り入れることで、より対話を活性化させ、価値に対する自分の考えが深まる道徳授業を実践していきたい。

🔄 子どもの学び

活用場面1

この村だけたくさんお米を納めないといけないなんて不公平だ。

子どもたちが学校に行けないことも問題だと感じる。

大水の時に水を流すなんてひどい条件だ。

● **活用場面1の子どもの振り返りより**
・クラスみんなが同じようなことを問題と感じていた。やはりこれがこのお話の問題点なのだと思った。
・みんながおかしいと感じた部分をこれから話し合っていきたい。どんな意見が出るか楽しみ。

活用場面2

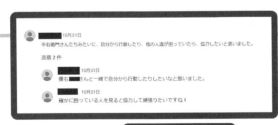

Bさんの意見が良いと思ったのでくわしく教えてください。

途中あきらめかけたけれど、未来の子どもたちのためを思ってがんばり続けられたと思います。自分にもこんなことがあったら、諦めずに立ち向かいたいです。

立ち向かうのところがよいと思いました。ぼくは自分のこととしてまでは考えていなかったからすごいと思いました。

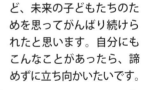

● **活用場面2の子どもの振り返りより**
・スプレッドシートのみんなの意見を読んで、自分の考えがはっきりした。
・自分の思いつかなかった意見を知ることができてうれしかった。
・「みんなで力を合わせたからこそ豊かで平和な村にできた」というところまで思いついていなかった。
　私もみんなと力を合わせて差別のない町にしていきたい。

（教諭　川村かおり）

5年 総合的な学習の時間 「ゆるスポーツ」を開発しよう ―ドライブで協働と思考を活性化―

■ 教材と単元のねらい

教　　　　材：「ゆるスポーツ豊富」開発プロジェクト

単元のねらい：ゆるスポーツの理念を理解し、調査したり、情報を整理分析したりして、全ての人々が楽し
く取り組めるゆるスポーツの競技を考案し発信することを通して、誰もが生き生きとくらせ
る社会を創ろうとする態度を養う。

■ 単元の流れ

① ゆるスポーツを体験したり調べたりしてその理念を理解し、ゆるスポーツ開発への関心をもつ。

② グループでアイデアや意見を出し合い、それを整理してオリジナルゆるスポーツを開発する。
→活用場面1
・ルールの工夫と道具の工夫という視点を設け、意見を比較・分類しながら話し合ったり試行錯誤した
りして、まとめていく。

③ 開発したゆるスポーツの内容をスライドにまとめ、Google サイトにリンクして発信する。→活用場面2

協働と思考を活性化させる ICT の活用場面

ICT の何を、どのように使うのか	➡	ドライブを使って 自分が作成したり収集したりした資料を学級全体で共有。グループ毎に様々なアプリを使って話し合いを行う。

子どもの変容 (子どもの振り返りより)	➡	みんなで一緒に作業をして、いろんな人の意見を聞くことができた。一人でするよりもたくさんのアイデアが出たし、色んな立場に立ってゆるスポーツを考えることができた。	運動が苦手な人の意見を積極的に取り入れた。誰でも楽しめるスポーツができたと思う。ゆるスポーツを通して誰もが幸せに暮らせる社会になったらいいな。

活用場面 1

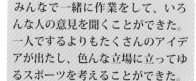

目的に応じてアプリを使って考えをまとめ、グループで共有して話し合いに活用しましょう。

作った資料や話し合いの記録はドライブに保存しましょう。

ICT 活用のねらい：

ドライブにフォルダを作成し、誰でも閲覧・編集できるようにすることで、個々の考えを話し合いに生かすことができるようにする。その際、実際の活動では、「スポーツの面白さを失わないようにしながら、誰もが楽しめるようにルールや道具を工夫する」という視点を設定することで、新しいスポーツの開発に向けて方向性がずれないようにする。また、使用するアプリを自由に選択し共有できるようにすることで、自分の考えを表出しやすくし、話し合いも活発に行えるようにする。

活用場面 2

開発したゆるスポーツを知ってもらうためにスライドに工夫してまとめましょう。

学習のねらい：
自分たちが開発したゆるスポーツの魅力を分かりやすく伝える。

活動：スライド作りを行う。

✔ 子どもの姿から見えたこと

　活用場面1では、使用するアプリを指示したり制限をかけたりせずに、ICTの機能を目的に応じて自由に選択できるようにしたことで、子どもが、主体的に試行錯誤しながら自分の考えをまとめていくようになった。その際、誰でも手軽にできるスポーツを開発するための視点を設定したことで、運動の苦手な仲間の意見を積極的に共有し、それを取り入れて目的に向かって意欲的に協働する子どもの姿が全てのグループにおいて見られた。

　活用場面2では、いかに分かりやすく伝えるかという視点を大切にしながら、活発に意見交換をする姿が見られた。また、他のグループのスライドも閲覧できるため、他のグループの良いところを取り入れながら質の高いスライドを作成するために主体的に活動することができた。

　単元の学習を通して、子どもたちは、個々の目標に向かって他者の意見や考えに共感し、それらを尊重しながら、責任感をもって新たなものを創造する力を高めつつあった。そのプロセスでは、運動が苦手なために、運動場面では周縁化されがちな仲間を包摂しつつ協働してスポーツを開発することができた。一方、普段意見を言うことを苦手としている子どもや、運動が苦手な子どもは、自分の意見が受け入れられたり自分の役割を果たしたりする経験を重ねることで、自己有用性や所属感を実感することができた。これらは、「誰もが生き生きとくらせる社会を創ろうとする態度を養う」という単元の目標にも合致しており、「誰もが楽しめるスポーツ」を考えるという問題解決的な学習過程と、ICTの自由な活用とを連動させた効果であると考えられる。

🔄 子どもの学び

活用場面 1

ルールについて話し合ったことをまとめたよ。みんなで改良していこう。

苦手な人でも楽しくできるかどうか、ジャムボードで意見を出していこう。

● 活用場面1の子どもの振り返りより
自分たちで考えたゆるスポーツのルールを決めました。それぞれがよく考えて、いい案を出してくれたので決めやすかったです。このルールですると、障害がある人でも楽しくできると思いました。実際に試して改善していきたいです。

活用場面 2

プレイをしている写真を載せたら、どんなスポーツか伝わりやすいんじゃないかな。

分担して作業をしよう。今までの話し合い記録を使うといいよ。

● 活用場面2の子どもの振り返りより
みんなで仕事を分担して楽しそうなスライドができたと思います。試合をしている写真を入れたら、分かりやすくなったと言われたのでよかったです。色んな人に見てもらって、試してもらいたいなと思いました。

（教諭　遠藤修平）

<table>
<tr><td>**3**年
特別活動
（学級活動）</td><td>**給食完食50回パーティーをしよう**
―学級会での議題決めと振り返り―</td><td>
フォーム</td></tr>
</table>

教材と単元のねらい

教　　　　材：フォームを使用したアンケート結果
単元のねらい：学級での生活をよりよくするための課題を見いだし、解決するために話し合い、合意形成を
　　　　　　　図ったり、意思決定したりすることができる。

単元の流れ

① 学級で話し合いたいこと（議題）、なぜそれを話し合いたいか（提案理由）を紙に書いて提出する。
② 司会進行をするグループ（司会グループ）が議題選定をし、話し合いの計画を立てる。→**活用場面1**
③ 議題について、クラスで話し合い、活動する。
④ 学級で決めた観点で振り返りをし、次につなげる。→**活用場面2**

思考を深める ICT の活用場面

ICT の何を、
どのように使うのか　▶▶ **フォームを使って**
アンケートを作成し、学級活動の議題の選定と活動後のクラス全体の振り返り
をしやすくする。

子どもの変容
（子どもの振り返りより）　▶▶ フォームでアンケートを取ることで、学級のみんなが何を話し合いたいと思っているのかがグラフを見るだけで分かりました。　振り返りで、みんなが活動を楽しめたことが分かったので、これからも工夫を続けて学級会をさらによくしたいです。

活用場面 1

活動のねらい：学級会の議題をアンケートの結果から選定する。
活動①：話し合いの司会進行をするグループ（司会グループ）は、
フォームを用いて、アンケートを作成する。アンケート作成では、
事前に紙で提出された話し合いたい議題一覧を並べ、一人ひとりに
意見表明の機会があるよう、話し合いたい内容を選択できるように
作成した。その際、回答は1回に制限しておく。
活動②：作成したアンケートを Classroom で配布する。
活動③：児童は各自の端末からアンケートに回答する。
活動④：集計結果を基に、司会グループが話し合いの議題を決定する。

クラスのために話し合いたい議題を
みんなで選びましょう。みんなの意
見の結果がすぐに分かりますね。

活用場面 2

活動のねらい：話し合いの過程と活動後の振り返りをク
ラス全体で行う。
活動①：司会グループが、フォームを用いて、アンケート
を作成する。内容は、議題選定後の話し合いやそこで決
まった活動の場面に関するものである。たとえば、話し合
いで工夫しようと決めたことが上手く機能したか、みんなが楽しめたかなどである。
活動②：作成したアンケートを Classroom で配布する。**活動③**：児童は各自の端末か
らアンケートに回答する。**活動④**：アンケート結果を全員で確認し、そこで述べられたよかった点や改善
点などに関する意見を活用する方法を考える。

✔ 子どもの姿から見えたこと

　活用場面1では、フォームを使って学級全員の意見を選択式で集約した。そのため、普段は自分の意見を発信しづらい児童も、アンケートへの回答という行為を通じて意思表示をすることができた。また、短時間で意見の集約をすることが可能となり、話し合いを深めることに時間を使えるようになった。結果を学級全員で確認する際には、色分けされた結果が表示されるので視覚的に分かりやすかったようだ。それと同時に、これまでとは異なり、司会グループの数人で議題を決めたり、一部の児童の考えで意見を決めたりしなかったため、全員の意見が学級で公正に扱われていると感じる子どもが多かった。

　活用場面2では、活動や話し合いについてアンケートを用いて振り返ることで、第一に、良かった点を学級全員で確認することができた。そこでは、クラス全員で選んだ議題についてみんなで話し合い、その結果として楽しく活動することができて良かったという達成感を示す子どもの姿があった。第二に、現状を分析して学級での課題を見つけることができた。その中では、それぞれが本音で意見を言うことができたため、子どもたちは、クラス全員の多様な意見を知ることが可能となった。これらをエビデンスとして捉えた子どもたちは、客観的根拠が必要となる批判的思考をもって、よりよい生活を送るための活動をし始めつつあった。そして、次の学級会では見出された課題をどう改善していくのか、意欲的に解決を図ろうとする様相がうかがえた。

🔄 子どもの学び

活用場面 1

フォームのアンケートで意見を聞くと、みんなの意見がすぐに集まるから、とても便利だね。

今回の投票の結果、1番多い「きゅう食完食50回パーティーにしよう」の議題を話し合います。

● 活用場面1の子どもの振り返りより
今まで学級会の司会グループが議題を決めていて、「実はこれが話し合いたかったのにな…」と思うことがありました。このフォームのアンケートを使うと、全員が意見を出せて、結果もすぐに分かるのでいいなと思いました。

活用場面 2

話し合いのよかったところは「たくさん意見が出たところ」だったね。次の学級会もがんばろう！

お祝いで表彰状を作るのは「よかった」と回答している人が多いね。表彰状の案が楽しかったね。

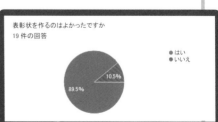

● 活用場面2の子どもの振り返りより
フォームを使って振り返りをすると、みんなの意見がすぐに分かってよかったです。改善点は、次の学級会で直そうと思いました。楽しむための工夫の振り返りで、アンケートで「楽しかった」を選んだ人が100%だと、みんなが楽しめる工夫を選べてよかったなと思います。

（教諭　北野ゆりあ）

5年 特別活動（学級活動）　かっこいい6年生をめざして
—なりたい自分に近づくための意見交流—

■ 教材と単元のねらい

教　　　材：理想の6年生像に関するアンケート結果、6年生へのインタビュー動画
単元のねらい：前期最高学年となる来年度に備え、6年生としての振る舞いや他学年との関わり方を事前に考え、5年生時からなりたい自分をめざして実践し続ける態度を育てる。

■ 単元の流れ

① フォームの結果とインタビュー動画を使い、理想の6年生の姿について考える。
② 自分の課題やより伸ばしたい点について Jamboard を使いグループで話し合う。→活用場面1
③ これから行う具体的な行動目標を意思決定カード（スプレッドシート）に記入する。→活用場面2

思考を深める ICT の活用場面

ICT の何を、どのように使うのか
▶▶ **フォーム・動画・Jamboard・スプレッドシートを使って**
フォームのアンケート結果を用いることで、一人ひとりがどのような理想の6年生像をもっているのかを全体で共有する。また、6年生へのインタビュー動画を見せることで、6年生の普段の行動や意識していることを知り、今の自分を見つめ直すきっかけとする。さらに、グループで Jamboard を活用することにより、多様な考えに触れながら自らの意思決定につなげていく。その後決定した具体的な行動目標をスプレッドシートに入力し、後日取組を振り返る。

子どもの変容（子どもの振り返りより）
▶▶ 自分では気付かなかった場面での具体的な行動や意識するべきことについて気付くことができた。

Jamboard を使ったことで、他者の考えに触れることができ、自分の課題や解決のための行動をより深く考えることができた。

活用場面 1

活動①：グループごとに配布された Jamboard を用いて、理想の6年生に近づくための具体的な取組として、自身の活躍できそうな場面や6年生として意識すべき言動を記入する。**活動②**：他者から出された多様な考えを参考に、これまで気付いていなかった、自身でも実践できそうな取組に気付く。**活動③**：意見が出揃った後、具体的な取組を場面ごとに分け、どの場面でどのような行動ができるかを整理する。**活動④**：出てきた意見の中から、取り組みたいものを話し合い、意見の精選を行う。

5年生のうちから出来そうな具体的な取組を考えて記入しましょう。

出た意見を場面ごとに分類しましょう。

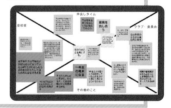

活用場面 2

活動①：話し合いの後、自分が実践したい具体的な取組を決定する。**活動②**：それを、教員から配布された意思決定カード（スプレッドシート）に記入する。**活動③**：実践したい具体的な取組ができたかどうか、スプレッドシートに設けられている振り返りの欄に記入する。**活動④**：グループごとに各自の取組を共有し、互いに認め合い励まし合いながら実践を継続する。

理想の6年生の姿と今の自分を比べて、もっと良くしていきたいところや頑張りたいところを考えましょう。

出てきた意見の中から自分が実際に取り組みたいことを1つ決定しましょう。

✔ 子どもの姿から見えたこと

　導入において、アンケート（フォーム）の結果と６年生へのインタビューの動画を提示したことで、５年生の児童は、抽象的であった理想の６年生の姿をより具体化することが可能となった。その上で、身近な存在である６年生の頑張っているところを聞くことで、自分たちもよりよくしていきたいという意欲を高めつつあったように思われる。

　活用場面１では、グループでの話し合いにおいて Jamboard を活用することで、円滑な協働学習を行うことができた。また、普段は自分の意見を発表することが苦手な児童も積極的に自分の意見を表出し、本音で話し合うことが容易になった。さらに、付箋を自由に動かすことができるので、具体的な取組について場面ごとに整理しやすくなったようであった。加えて、グループ活動において多様な意見に触れられたことで、自分では気付かなかった課題に気付いたり、場面ごとの具体的な取組を考えやすくなったりした。それゆえ、個人思考では、登校班のことにしか考えが至らなかった児童が、仲良しタイムやクラブ委員会、全校集会など考えを柔軟に広げて考えるようになっていた。

　活用場面２では、スプレッドシートを活用し、意思決定カードに具体的な行動目標を記入したことで、学校生活の中でその行動をできた時に、その都度各自で振り返りを記入することが可能になった。そのため、振り返りをもとに次の具体的な行動を考えたり新たな目標を設定したりすることがしやすくなり、自己調整力を身に付けつつあったと考えられる。

🔄 子どもの学び

活用場面１

登校班だけでなく、仲良しタイムや委員会でも活躍できそうだな。

あいさつや掃除などで下の学年の見本になることもできそうだな。

● 活用場面１の子どもの振り返りより

グループの話し合いで○○さんが出した「クラブや委員会で下の学年の人の様子をしっかりと見て困っていたら優しく教えたい」という考えに納得しました。６年生としてクラブや委員会での自分の役割をしっかりと果たしていきたいと思いました。

活用場面２

クラブや委員会の時に責任をもって役割を果たすことができていないな。頑張っていこう。

仲良しタイムの時にもっと自分が活躍できそうだな。

● 活用場面２の子どもの振り返りより

かっこいい６年生になるために、今の自分には、下の学年に優しく声かけをすることが足りていないと感じました。登校班や仲良しタイムなどで６年生に全て任せるのではなく、５年生のうちから下の学年に声かけをしていきたいと思いました。

（教諭　岸田裕哉）

5・6年 特別活動（児童会活動）

聞きやすい放送をめざそう
―給食委員会の取組―

■ 教材と単元のねらい

教　　材：献立表・給食放送時の原稿
単元のねらい：前期課程（1〜6年）全員が聞き取りやすく思いの伝わる放送をめざそう。

■ 単元の流れ

① 委員会活動の振り返りをもとに課題を見つける。
② お互いに助け合い、課題の解決に取り組む。→**活用場面1・2**

表現力を高める ICT の活用場面

**ICT の何を、
どのように使うのか**　▶
ドキュメントを使って
ドキュメントのコメント機能を使用し、放送原稿を改善する。その後、ドキュメントの音声入力機能を活用し、全校生に給食の良さが伝わる話し方を工夫する。

**子どもの変容
（子どもの振り返りより）**　▶
自分の作った原稿に友だちが感想や意見をくれるので、これまで自分では気付かなかった給食の良さに気付き、より良い原稿を作ることができた。

音声入力を利用すると、自分の読み方の成果が目に見えるので、意欲を持ち続けて練習に取り組むことができた。

活用場面 1

活動のねらい：課題解決の放送題材を給食に設定し、活用場面1では「聞き取りやすく思いの伝わる」放送を目指して原稿を作成する。
活動①：課題解決の放送題材を給食に設定し、給食の良さが伝わる原稿の作成を行う。
活動②：子どもが個々で作成した原稿を給食委員会のクラスルームのストリームに事前にのせる。
活動③：ドキュメントのコメント機能を使用し、給食の良さが伝わるような文章が作成できているかグループの友だちと互いにチェックしあったり、アドバイスをしあったりする。その際、担当教員は、原稿が読みやすくなるように言葉と言葉の間に間を入れたり、見やすくなるように行の切れ目を意識したりした原稿を作るよう助言する。

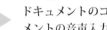

グループの給食放送を聞き、さらに良くしたいところはありますか？

どんな原稿だと給食の良さがより伝わりますか？

活用場面 2

活動のねらい：上記で作成した放送原稿を読む練習を行う。
活動①：ドキュメントの音声入力機能を用いて、放送原稿を録音する。
活動②：原稿と同じ言葉になるよう繰り返し練習する。その際、伝えたい内容が全校生にはっきりと伝わるように、放送原稿の中で、自分が言いにくい言葉を見つけたり、自身の考える給食の良さが伝わる話し方を考えたりする。

音声入力をしてみて、正しく入力されなかった文章はなかったかな。

自分の苦手な音が分かったらどんな話し方をすれば良いか考えよう。

2学期の給食の献立放送をレベルアップさせよう!!
①自分の話している言葉を音声入力してみよう
例 今日の給食のこんだては、
　くろざとうパン、牛乳、とうにゅうスープ、ポテトサラダです。
（☆音声入力にチャレンジしてみよう）
今日の給食の献立は　松涛館流豆乳スープポテトサラダです。

（チャレンジしてみて気づいたことをメモしておこう）
・くろざとうパンと牛乳が変な言葉になってしまった。
　　　　　　↓
（どんなことを工夫すると良いか考えよう）
・もう少しはっきりと口を開けて発音したら聞こえやすくなると思う

✔ 子どもの姿から見えたこと

　活用場面1では、ドキュメントのコメント機能を使って、友だちから意見を書き込んでもらい協働的に活動することで、多様な意見を柔軟に吸収し、給食の良さが伝わるように意欲的に原稿の改善に取り組んだ。また、完成した原稿を確認することがいつでもできるので計画性をもって練習し、自分の放送に責任をもって取り組めた。

　活用場面2では、ドキュメントの音声入力を利用することで、自分の発音を視覚的・客観的に確認することができ、メタ認知能力を高めつつあった。また正しく言語入力できるまで、繰り返し発声することで、課題に粘り強く取り組む力がついたと考えられる。

　ICTの活用が、児童にとって課題を乗り越える助けとなり、児童は意欲をもって協働的に活動することができた。

🔄 子どもの学び

活用場面1

上手に話せているように思うけれど、もっと良くするにはどうしたらいいかな？

郷土料理の説明が少し分かりにくいので、もう少し料理の特徴を分かりやすく説明したらいいと思うよ。

● 活用場面1の子どもの振り返りより

友だちにコメント機能でアドバイスをもらい、普段読んでいる放送原稿がとっても読みやすくなった。全校生にもっと給食のよさを伝えられるようにしっかりと放送したい。

活用場面2

牛乳という言葉が正しく入力されていないから、もう少しはっきりと口を開けて言ったほうがいいよ。

決めた取組を意識して、毎日続けて練習しよう。

● 活用場面2の子どもの振り返りより

録音した自分の声を聞くことで、きちんと自分のことを振り返ることができた。
どこがはっきり発音できていないかよく分かったので、苦手な発音を練習すれば聞きやすい放送ができると思う。

（教諭　畑田千香）

スライド　Classroom　Meet

■ **教材と単元のねらい**

教　　　材：歯科健康診断の結果のグラフ

単元のねらい：歯と口の健康づくりについて学び、基本的生活習慣を身に付けることができる。

■ **単元の流れ**

① 健康診断の結果や家庭生活を振り返り、歯と口の健康に関する課題を見出す。**→活用場面1**

② グループで話し合い、歯と口の健康づくりについて、調べたことや考えたことを一人1枚のスライドにまとめる。**→活用場面1**

① 自分が作成したスライドを集会で発表する。**→活用場面2**

歯と口の健康に生かす ICT の活用場面

ICT の何を、
どのように使うのか ▶▶

スライド・Classroom・Meet を使って
調べたことや考えたことを文章とイラストなどでスライドにまとめる。
委員会活動の情報を共有したり、自分や他の児童が作成したスライドを共同編集したりする。

子どもの変容
（子どもの振り返りより） ▶▶

歯みがきの仕方や歯のイラストに赤い丸印のアニメーションをつけて、むし歯にならないポイントを教えられて良かったです。

低学年は歯肉炎のことを知らないと思うから教えてあげたい。みんなに、自分が伝えたことを家に帰って活かしてほしいと思った。

活用場面 1

歯科健康診断の結果のグラフからどんなことが分かりますか。

むし歯がどうしてできるかなどクイズ形式のスライドで、分かりやすい説明をするのがいいと思うよ。

活動：むし歯や歯肉炎がどうやってできるかなど、一人ひとりが調べたことをスライドにまとめる。
むし歯や歯肉炎に着目したのは、歯科健診の結果から、歯垢がついている児童が多く、むし歯や歯肉炎になっている児童があることが分かったためである。
スライド作成の際には、低学年の児童にも分かりやすく、興味を持って見てもらえる工夫を考え、クイズの後に分かりやすい解説を入れたり、文章の他に写真やイラストを使ったりした。また、かむことの大切さや歯のけがに関する内容も取り入れた。

活用場面 2

お互いに発表を聞き合って、より良く発表できるように、お互いにアドバイスを送るようにしよう。

活動①：作成したスライドを発表する前に、事前リハーサルを行い修正を加える。**活動②**：Meet で発表を行う。発表前にリハーサルを行い、大型モニターに提示した場合の見え方などを確認し改善する。大きい画面でみると、スライドの文章に線を引いたり、文字を赤字にしたりする方が大事なところが分かりやすい。また、漢字に読み仮名をつける方が低学年にも分かりやすいなどの改善点を見出した。話す声の大きさや速さに違いがあったため、発表時には聞きやすい声の大きさと速さに気をつけるようにした。

✔ 子どもの姿から見えたこと

　活用場面1では、ICTを活用することで、情報の共有や整理が容易になり、精度の高いスライドを作成することが可能となった。委員会活動では、クラスや学年が違うと時間を合わせるのが難しく、共同作業がしにくくなる。しかしながら、タブレットを活用することで、それぞれの児童がすきまの時間に、Classroomで進捗状況を確認したり、意見を書き込んだりしながら、集合せずにスライドを共同編集することができた。また、文字を書いたり、イラストを描いたりすることが苦手な児童は、保健委員会のメンバーにアドバイスを聞き、文章を推敲して自分のスライドを完成させていた。その結果として、他者との協働と対話を通じて、意欲的にスライド作成に取り組みつつあった。

　活用場面2では、発表前のスライドの修正が行いやすく、また発表時にはむし歯や歯肉炎について視覚的に伝えやすくなった。コロナ禍の中で、学校で歯みがきを実演することができなかったが、Meetでクラスの大型モニターに映して説明すると、歯や口の中の問題と歯と口の健康づくりを通じた生活習慣の改善が大切であることを視覚的に分かりやすく説明することができた。そのため、全校生から好評価であり、委員会の児童の自尊感情が高まりつつあったと思われる。

🔄 子どもの学び

活用場面1

アニメーションを使って動きをつけたり1年生にも分かるようにひらがなで書いたりした。

みんなが虫歯にならないように分かりやすくまとめた。

大事だと思うところを赤色にした。

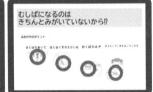

● 活用場面1の子どもの振り返りより
みんながむし歯にならないように分かりやすくまとめた。どのようなイラストがいいか、しっかり考えることができた。絵や文字だけではなくクイズも入っていたので楽しいスライドになった。この集会で、みんがが、歯みがきをいつもより意識してくれたらいいと思う。

活用場面2

声の大きさや早さに気をつけて文章もつまらず読めた。ボタンを押す人ともタイミングがうまくいった。

噛まずにスラスラ読めた。集会はとても緊張したけど自分の全力で言えたから良かったです。

● 活用場面2の子どもの振り返りより
歯みがきの仕方に気をつけて、むし歯にならないようにしたいという内容を自分ではできているつもりでも、みんなでスライドを確認すると、課題や修正点を見つかり、よりよいスライド作りに意欲的に取り組むことができた。スライドを何度も確認したり練習をしたりした。集会では、皆それぞれのスライドを文章やイラストを使って、分かりやすくまとめていて、発表も良かった。

（養護教諭　夏井弘美）

気をつけよう
―ICT 機器による視力低下―

■ 教材と単元のねらい

教　　材： 製薬会社の「目のストレッチ体操」動画、日本眼科医会「目の健康啓発マンガ ギガっこデジたん！」「近視啓発動画 進む近視をなんとしかしよう大作戦」、衛生委員会作成近視予防啓発動画、保健だより

単元のねらい： 目の健康に必要な生活習慣を楽しく身に付けることができる。

■ 単元の流れ

① 近視予防啓発動画や保健だよりを活用してICT使用時の注意点を理解する。→活用場面1

② 目のストレッチ体操の動画に合わせて、みんなで目のストレッチ体操をする。→活用場面1

③ フォームを使ってクイズを行い、楽しく知識を身に付ける。また、フォームに感想も記入し、自分の目の健康課題を振り返る。→活用場面2

〽️ 目の健康に生かす ICT の活用場面

ICT の何を、
どのように使うのか ▶

Youtube とフォームを使って
動画を視聴することで、ICT機器を健康的に使用する方法について、より理解しやすくなる。フォームを用いてクイズを解き、楽しく知識を身に付ける。

子どもの変容
（子どもの振り返りより） ▶

自分はいつも寝る30分前にICT機器の使用をやめて十分だと思っていたけれど、1時間前には、やめるように意識するようになりました。

タブレットを使ったりスマートフォンを持ち始めて使ったりしているので、今まで以上にICT機器を使う場面が増えています。画面から目を離したり、こまめに休憩するようになりました。

活用場面 1

10月10日は目の愛護デーです。今月は目を大切にする月間として、週に1回、近視予防啓発動画の視聴や目のストレッチ体操などを行います。

活動①： 衛生委員会の生徒が、保健だよりを用いて、本校の視力検査の結果や近視が進むメカニズム、目のストレッチ体操等について伝える。

活動②： 衛生委員会の生徒が、週に1回、日本眼科医会や委員会で作成した近視予防啓発動画を用いて、姿勢、目の休憩の仕方、就寝前の視聴時間等のICT機器を使用する際の注意事項について伝える。

活動③： 衛生委員会の生徒が、週に1回、製薬会社や委員会で作成した目のストレッチ体操動画を用いて、全校生徒で目を大切にする体操をする機会を作る。

活用場面 2

活動①：教員が活用

ICT機器の使用方法を振り返り、今後目を大切にするために心がけたいことは何ですか？

場面1で学習した内容に関するクイズをフォームを用いて作成する。

活動②： 衛生委員会の生徒が各クラスでクイズの実施方法を説明し、生徒がクイズを実施する。

クイズの作成の際、以下の点に留意した。生徒がクイズを解くことで、ICT機器を健康的に使用する方法を楽しく振り返ることができるようにした。また、解説を読むことで間違えた問題を理解することができるように作成した。さらに、クイズの最後に感想や今の心がけを記入する欄を設けることで、生徒が自分の生活習慣の課題を考えるきっかけを作り、行動変容へとつなげられるように工夫した。

✔ 子どもの姿から見えたこと

　活用場面1から、動画視聴を活用することで、生徒はより分かりやすく効率的に知識を習得することができたようであった。その結果、生徒たちの中には、自らの生活を振り返り、健康課題を見出して、課題の改善に取り組んでみようという意欲を高め、実践に移す生徒も現れた。また、インターネットで公開されている動画は、家庭においても視聴でき、家族とともに学び、実践することも可能になった。

　活用場面2から、フォームで作成したクイズを取り入れることで、生徒はより手軽に楽しく、学びを振り返ることができた。そして、一度解いたら終わりではなく、知識習得するまで、何度でも自由に振り返っていた。

　また、委員会の生徒たちの取組は、生徒自身の論理的・創造的思考やコミュニケーション能力の向上につながったと考えられる。そして、成果物を仕上げたという実感や、クラスの友だちの反応を目の当たりにして得られた達成感を通じて、生徒たちは自己肯定感を高め、主体的に取り組みつつあったように見受けられた。さらに、学ぶ生徒側においても、委員会の生徒が作成した動画は、親近感がわくもので、より印象に残り実践する意欲を高めるものであったことが振り返り等からうかがえた。

🔄 子どもの学び

活用場面1

動画のまねをするだけだから分かりやすい。簡単で楽しくストレッチできていい。週に1回繰り返しやったので、すっかり覚えたよ。みんなと一緒に楽しくできるのがいいね。

Youtubeだから自分の端末でも家でも見れる。家族にもすすめたい。妹としたいな。

● 活用場面1の子どもの振り返りより
私はもともと目が悪くて、どうすれば目にいいのか分からなかったけれど、目を定期的に休めたり、目を使う時間を減らしたり、目に負担をできるだけかけないようにする方法が衛生委員会の動画などで分かったので、今後の生活は教えてもらったことを実践しようと思いました。目のストレッチ体操をすることで、目が軽くなった気がしたし、勉強がしやすくなりました。これからも続けたいです。

活用場面2

衛生委員が動画で目と画面との距離が30cm以上離れていた方がいいって言ってたから、答えは②番だ！

動画で、クロームブックマンが、問題だしてたね。30分に1回は20秒以上、目を休めたほうがいいが正解だ！

● 活用場面2の子どもの振り返りより
動画や目のストレッチ体操の内容からクイズが出題されていて、クイズで今までの内容を振り返ることができてよかったです。今後の生活にいかしていきたいと思いました。
学校でタブレットを使うことが多くなっていて、少しずつ画面との距離が近くなっていたので、画面から目を離したり、休憩をしたりして、近視の進みをおさえようと思いました。

（養護教諭　角元弥加）

<table>
<tr><td>

1～6年特別支援
自立活動
</td><td>

朝の会をしよう
―安心感の中で意思表示―
</td><td></td></tr>
</table>

▌教材と単元のねらい

教　　　　材： タブレットを使って朝の会をしよう
単元のねらい： 本校の特別支援学級で毎朝行う「朝のつどい」で、自己表現の苦手な子ども達が自分なりの方法で意思表示をすることができる。

▌単元の流れ

① タブレットを準備してログイン後、Classroom から Meet に接続する。→活用場面1
② 全員が揃ったら司会が朝の会を進行する。→活用場面2
③ 出席確認と健康観察のために、名前を呼ばれたら口頭で伝えたり、身振り手振りや人形を使ったりして自分なりの方法で返事をする。→活用場面2

⋀⋁ 表現力を高める ICT の活用場面

ICT の何を、どのように使うのか ▶▶ **Meet を使って**
対面ではなく、画面上でやりとりする中で、人前で意思表示することへの抵抗感をなくす。

子どもの変容
（教師の見取りより） ▶▶

| ログイン、Meet につなぐなどの基本操作ができるようになった。 | 学級内で年上児童が年下の児童に教えたりする姿が見られるようになった。 | 安心した雰囲気の中で、自分に合った方法を用いて、意思表示することができた。 |

活用場面 1

活動①： クロームブックを準備する。
活動②： 児童自身でログインする。
活動③： クラスルームから Meet に入る。

> 1時間目が始まるまでに、Meetに入っておきましょう。

活用場面 2

活動①： 司会の児童が Meet を用いて朝の会を始める。同じ教室にいる児童たちも、一人一台端末を用いて朝の会を行う。
活動②： 司会の児童が、出席確認と健康観察をする。呼ばれた児童は声や動作等で返事をする。
活動③： Meet から退室する。

> ID やパスワードを見ないでログインできる人はやってみよう。

> 返事ができなかったら、手を上げたり、〇をつくったりして答えよう。

> 司会の人は、返事があるまで待ってあげてね。

> Meet につながった人は、カメラはなるべくオンにしておこう。自分が話す時はマイクをオンにしよう。

✔ 子どもの姿から見えたこと

　活用場面1では、毎日、タブレットを出してログイン後、Meet につなげるという一連の流れをルーティン化することで、基本的な使用法の習得につなげることができた。その中で、上級生が下級生にマイクのオン・オフの方法や背景の変え方を教えるやりとりから、自己有用感が生まれ自尊感情の高まりにつながった。

　活用場面2では、オンライン機能により、対面で話すことが苦手な子どもが朝の会に参加し、意思表示をすることができるようになった。それは、ICT 機器によって生み出される以下の利点によるものであると思われる。第一に画面という絞り込まれた範囲での対話により注意が散漫にならない、第二に声が小さくても音量が大きくできる、第三に画面を通して表情を見やすい、第四にそもそもみんなが画面を注視している状態であるため、返事を口頭でしなくとも、身振り手振りや物を使用しての様々な意思表示の手段を子どもが選択して使いやすい。第四については、日常でも取り入れて活用する子どもたちの姿が見られ、他者とのコミュニケーションへの抵抗感が減り、表現力も高まりつつあるように思われる。

　その後、実際に対面での朝の会になった時でも、子どもたちは挨拶や返事をすることができるようになった。これらを踏まえると、ICT 機器を活用することで、子どもたちは人と関わることへの関心や自信を高め、コミュニケーション能力を身に付けることができたように思われる。

🔄 子どもの学び

活用場面1

保管庫の鍵をあけてください。

見なくてもログインできたよ。
みんな待ってるから先生、
Meet につないでください。

● 活用場面1の教師の見取りより
・保管庫の鍵をあけるように担任に要求することができた。
・時間に間に合うように計画性をもって Chromebook を準備できるようになった。
・ログインカードを見なくても ID やパスワードが素早く入力できるようになった。

活用場面2

名前を呼ぶので元気な人は「はい、元気です。」と大きな声でこたえましょう。

○○さん　　　　　　　△△さん

はい、元気です。　　△△さんはお休みです。

● 活用場面2の教師の見取りより
・カメラをオフにしていた児童がオンにできるようになった。また、別の児童はカメラを見て返事できるようになった。
・自分の返事だけでなく、他の児童のことも伝えられた。
・身振り手振りで伝えたり、人形を使ったりと表現の幅が広まった。

（教諭　眞下桂子）

ピクニックへ行こう
—お弁当を考えて描き、楽しさをつたえよう—

■ 教材と単元のねらい

教　　　　材：ピクニックに行こう（図工・自立活動）

単元のねらい：オリジナルのお弁当を考えて描いたり、ピクニックに行く場所を考えたりすることで、ピクニックに行く楽しさを伝える。

■ 単元の流れ

① お弁当箱の中にいろいろな食べ物を入れてイメージを膨らませる。

② 描画キャンバスを使ってお弁当の絵を描く。→**活用場面1**

③ スライドを使って自分の行きたいピクニックについて紹介し合う。→**活用場面2**

思考を深める ICT の活用場面

**ICT の何を、
どのように使うのか** ▶ **描画キャンバス・スライドを使って**
描画キャンバスを使って自由にお弁当の絵を描く。その後、スライドを使って、自分の行きたいピクニックの内容を考え、みんなに紹介する。

**子どもの変容
（教師の見取りより）** ▶ 失敗を気にせず、自由に絵を描くことができるようになった。

挿入機能を活用して、バラバラに描いていたものや写真に撮ったものをまとめることができるようになった。

活用場面 1

お弁当の中には何が入っているかを考えてみよう。
どんなおかずが入っているとうれしいかな。
野菜もいれてみよう。

活動①：お料理ごっこを思い出したり、食事の献立を考えたりしながら、お弁当箱にダミー食材を入れる。

活動②：ダミー食材だけでは全ての食品を扱えないため、①を参考にしながら、描画キャンバスを用いて自由にお弁当の絵を描く。その際、野菜等を入れながら様々な色や形をイメージし、オリジナルのお弁当をつくる。

活用場面 2

ピクニックに行くと楽しいよね。
みんなにも教えてあげよう。

自分たちで作ったお弁当を持って、どこに行きたいか考えてみよう。
行きたいところが決まったら背景の景色を選ぼう。

活動①：自分が作ったお弁当を持って行きたい場所を考えて、スライドの背景に景色を貼り付ける。

活動②：誰とピクニックに行くか、ピクニックに行ったら何をしたいかなど教師が質問しながらイメージを膨らませて、スライドに文章を書く。

活動③：スライドを用いて、自分の行きたいピクニックを紹介する。

✔ 子どもの姿から見えたこと

　活用場面1では、描画キャンバスを活用することで、自ら進んで絵を描くようになった。失敗してもやり直せたり、指一本で描けたりする手軽さや安心感が絵を描くことへの抵抗感を軽減した。そのため、描画に対する得意・不得意に関係なく、楽しく興味をもって活動できるようになった。本活動を通して、お弁当や料理に興味を示す児童もおり、家庭でのお手伝いを意欲的に取り組むようになったり、お弁当を作って出かけたりしたという保護者の話を聞くことができた。

　活用場面2では、スライドを活用することで、お互いの作品を見たり、紹介し合ったりするなど積極的に共有する姿がみられ、他者との関わりが苦手な子どもや自己表現が苦手な子ども、一人でいることが好きな子どもも一緒に取り組むことができた。また、この学習をきっかけにキャンバスで書き溜めていた絵をスライドにまとめて紙芝居にするなど、学習活動を創造的に発展させる子どもも現れた。さらに、作品づくりを繰り返すうちに、絵の中に吹き出しを加えたり効果音を書きこんだりして読み手を意識して描けるようになり、他者意識ももてるようになりつつあったことが見て取れた。それを応用し、他の学習でも、授業で撮った写真やイラストをスライドにまとめる方法を覚えて、学習の記録として蓄積しつつある。

🔄 子どもの学び

活用場面 1

ハンバーグとウィンナーが好き。
ブロッコリーを入れると、緑が
きれいだね。

お母さんはいつもおにぎりを
いれてくれるから、おにぎり
にしよう。

● **活用場面1の教師の見取りより**
・たくさんの色があったり、何回でも書き直せたりするから絵を描くことが楽しかった。
・だんだんお弁当箱がいっぱいになっていくのがうれしいな。おいしそうにできてうれしいな。
・好きなおかずがたくさん入れられたのでおいしそうなお弁当ができた。

活用場面 2

動物園に行きたいな。
先生、いっしょに行こう！
キリンの前で食べたいな。

みんなでお花見にいきたいな。
みんなで食べるとおいしいよ。
公園に行くと、気持ちがいい
と思うな。

● **活用場面2の教師の見取りより**
・インターネットで調べると、たくさんの風景があるので、行きたいところがいっぱいあってどこに行こうか悩んでしまった。みんなはどこにいくのかなあ。
・本当にみんなでお弁当を持ってどこかに行きたくなった。本当にお弁当を作ってみたいな。

（主幹教諭　松山真理）

植物の成長
—みんなで観察しよう—

Classroom　カメラ

■ 教材と単元のねらい

教　　　材：やさいのさいばいとかんさつ①ミニトマト（学研プラス）
単元のねらい：植物の変化や成長を観察しながら、種まきから収穫まで自分たちで世話をすることができる。
　　　　　　観察したことをもとに、植物の成長過程を自分たちでまとめることができる。

■ 単元の流れ

① トマトの種をまいた手順を写真に撮り、説明とともに Classroom に投稿する。→活用場面1
② トマトの観察記録を Classroom に投稿する。（夏休み中も各家庭に持ち帰ったトマトの様子を投稿する）
③ Classroom に投稿された記録を見ながら、トマトの成長過程をまとめる。→活用場面2

〜〜 思考を深める ICT の活用場面

ICT の何を、
どのように使うのか
➡ **Classroom を使って**
トマトの観察記録を写真とともに Classroom に投稿する。
投稿されたものを見ながら成長過程をまとめる。

子どもの変容
（教師の見取りより）
➡ クラス全員で情報を共有することができ、自分の活動を友だちや教師に知らせたいという思いが生まれた。

文章を書くことが苦手な生徒も、投稿された観察記録を見ながら、自分たちの力で成長過程をまとめることができた。

活用場面1

学習のねらい：トマトの観察記録を Classroom へ投稿する。
本学級には、学年・学級の異なる生徒が在籍し、その中には交流学級で授業を受けている生徒もいる。そのため、全員で同じ学習活動に取り組むことが難しい現状があり、本単元においても、一緒にトマトの世話や観察をする機会が少ない。そこで、支援学級でトマトの観察をした生徒がClassroom に記録を投稿し、全員で情報を共有することにした。また、夏休み中も各家庭に持ち帰ったトマトの様子を観察して、Classroom に投稿するようにした。

写真はいろいろな角度から撮って、分かりやすいものを使いましょう。

葉の大きさや背の高さなどを計って記録しましょう。

活用場面2

学習のねらい：トマトの成長記録を作成する。
活動①：Classroom に投稿された写真から必要なものを選び、日付順に並べる。
活動②：①に対して説明を加える。
活動③：それを模造紙にまとめる。
活動①〜③における授業者の働きかけ：
日毎に大きくなっていくトマトの様子を実感しつつ作業を進められるようにする。また、種をまくところから、調理実習までの過程をみんなで協力しながらまとめられるように支援する。

トマトの写真を日付順で並べましょう。

友だちの写真や文章も使っていいですよ。

✔ 子どもの姿から見えたこと

　活用場面1では、観察記録の投稿をクラスで共有することにより、「みんなで育てているから大切にしよう」という一体感と協働性が生まれつつあった。そのため、トマトの観察記録だけでなく、他の授業で作った作品なども投稿して、自分たちの活動を友だちや教師に知らせたいという思いをもつ生徒も現れた。さらに夏休み中は、自分が作った料理を投稿し、お互いにコメントする様子なども見られるようになった。「みんなに知らせたい、伝えたい」という自己表現の欲求が生まれたことや、コメントを投稿することで他者の意見に共感しようする姿勢はコミュニケーション力の向上の一助となったと考えられる。

　活用場面2では、Classroomの機能を活かして、植物の成長を体感しながら、構造的に整理することがしやすくなった。Classroomに投稿されたものは日付が自動的に付されて時系列に並んでいる。また、写真とそれに対する簡単な説明を付記しやすい。そのため、まとめる活動をする際に、必要な情報を探しやすかった。また、友だちが記録している内容を見ることができるため、文章を書くのが苦手な生徒にとっても、何を書けばいいのか分からないという状態が少なくなり、自分でできることが増えた。その結果として、自分たちの作ったものに自信が生まれ、自尊感情を高めることにもつながったと思われる。

🔄 子どもの学び

活用場面 1

間隔をあけて3つのくぼみを作り、種をまきます。トマトは嫌いだけどぐんぐん育ってほしいです。

種をまいて6日たちました。やっと芽が出ました。元気に育ってほしいです。

● 活用場面1の教師の見取りより
トマトが大きくなっていく様子を楽しんで観察していた。友だちが自分の投稿したものを読んでくれているかを気にしたり、お互いの投稿を読み合ったりすることがいい刺激になっていると感じた。

活用場面 2

どの写真を使う？

最後に調理実習でトマトスープを作ったこともまとめに書きたいなあ。

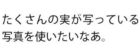

たくさんの実が写っている写真を使いたいなあ。

● 活用場面2の教師の見取りより
日付順に画面にでてくるため成長が分かりやすい。写真と一緒に観察したことが書かれているので、何を書けばいいのか分からないということがなく生徒もまとめやすい。夏休み以前の記録はみんなで協力してまとめ、夏休みから調理実習までは各自で模造紙にまとめることができた。

（教諭　古寺和子）

7～9年特別支援 国語 物語の読み取り ―登場人物の心情を理解する―

■ 教材と単元のねらい

教　　　材：モチモチの木（作者：斎藤隆介，岩崎書店）

単元のねらい：感情をこめて音読をし、登場人物の心情を理解することができる。

　　　　　　　5W1Hを含む質問に答え、物語のおおまかな内容をつかむことができる。

■ 単元の流れ

① 登場人物の心情を考えながら、感情をこめて音読した自分の姿を動画撮影し、見直すことで改善点を探す。→活用場面1

② スライドに登場人物の情報をまとめる。

③ Jamboard を用い、「5W1H」を含む質問に答え、内容を理解する。→活用場面2

〰〰 思考を深める ICT の活用場面

ICT の何を、どのように使うのか ▶ **カメラ・Jamboard を使って** 自分を表現する

子どもの変容（教師の見取りより） ▶ 自分の音読している姿を動画を見ながら確認したことで、自分で課題を見つけ、改善することができた。／ Jamboard にどんどん意見を出すことで、間違いを恐れず、意欲的に自分たちの意見を出すことができた。

活用場面 1

 1回目に音読する時は、読むスピードを重視しましょう。2回目からは1つ1つのセリフに着目し、「どんな気持ちで言っているのか」を確認してから、感情をこめて音読しましょう。

活動①：動画撮影機能を用いて、音読する姿を撮影する。その際、登場人物の心情を読み取り、それぞれのセリフに感情をこめて音読するよう心がける。

活動②：撮影した動画を見直し、自分たちで改善点を見つける。

活動③：改善点を意識し、より感情をこめながら再度音読する。それによってさらに登場人物の心情を読みとれるようになる。

活用場面 2

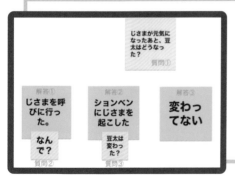

 間違いを気にせず、どんどん思ったことを書いていきましょう。登場人物の気持ちはどうだったのかを思い出してみましょう。

活動①：授業者は黄色のデジタル付箋に発問を書く。

活動②：生徒は青色のデジタル付箋に、短い文章や単語でもいいので、自分が思ったことを書く。

活動③：生徒が書いた意見に、教師が質問を重ね、その繰り返しにより、最初の発問に対する答えに近づいていく。

✔ 子どもの姿から見えたこと

　活用場面1では、動画撮影機能を活用したことで、生徒は自分たちが音読している姿を動画を通して客観的に見ることが可能になった。そして、1つ1つのセリフにどのように感情をこめて読めばよいのかを自分たちで気付くことが容易になった。その結果、今までは音読を行うとただ読むだけになってしまっていたのとは異なり、登場人物の感情を表現しようと精一杯工夫しつつあった。

　活用場面2では、Jamboardを用いることで、生徒は確固とした意見や思考に至るまでの直感的で曖昧な考えや思いを出しやすくなり、自分の意見を次々に出せるようになりつつあった。その結果、紙媒体のみを用いた授業では、間違いを恐れ、自分の意見をなかなか出せず、質問に答えられなかった生徒も、授業者とのやりとりを通じて自分の力で答えにたどり着くことができた。

　全体を通して、ICTを使用することで、端末画面という絞り込まれた視野でのやりとりが可能になり、今までは、授業中に集中力を維持することが難しかった生徒の集中力の高まりが見られた。また、自分たちの意見をたくさん出すことができたり、自力で答えにたどり着くことができたりすることで、自尊心や学習意欲が高まり、他の問題にもチャレンジしようという意欲も高まりつつあった。

🔄 子どもの学び

活用場面1

じさまはどんな様子？

　　苦しんでいる。どうやって読めばいいかなあ。

豆太は、じさまが苦しんでいる時、どんな気持ちだった？

　　　　こわい。さみしい。

● **活用場面1の教師の見取りより**

感情をこめて音読をしたことで、「うれしい」「さみしい」「苦しい」などの登場人物の気持ちが、今まで以上によく分かった。登場人物の気持ちが分かったおかげで、豆太や、じさまがどんな人なのかがよく分かり、物語の内容を理解することができた。

活用場面2

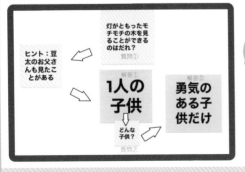

この質問は難しい？

　　　　難しい。

じゃあヒントを出すね。

　　　　これで合ってるかな？

答えに近づいてきたね！
じゃあ今の答えに、さらに質問するね。

　　　　あ、分かった！

● **活用場面2の教師の見取りより**

自分の考えをたくさん出せたことで、どんどん質問の答えに近づいていった。自分が出した考えに、さらに問いかけがあることで、自分の考えを整理しながら答えることができた。自分の力で答えを出すことができたので、他の問題にもチャレンジしてみたいと思った。

（教諭　岩本健吾）

楽しかったことを日記にかこう
—抵抗感なく作文するために—

■ 教材と単元のねらい

教　　　　材：うれしい日記

単元のねらい：短い文を自分で組み立てて文章にすることで、自信をもって日記を書くことができる。

■ 単元の流れ

① 楽しかった出来事を思い出し、その時の活動内容や思いをデジタル付箋に書いて画面上に貼る。
→活用場面1

② デジタル付箋を画面上で動かしなら文章を構成していく。→活用場面2

③ 完成したデジタル付箋をもとに、日記を完成させる。

思考を深める ICT の活用場面

ICT の何を、どのように使うのか
▶▶ **Jamboard を使って**
楽しかった出来事について思いつくままに付箋に書き込んでいき、付箋を並べ替えていくことで文章を作る。

子どもの変容（教師の見取りより）
▶▶ 1枚の付箋に書く内容が短くてよい、漢字変換の機能が使えるといった理由で、書くことに対する抵抗感が少なくなった。

付箋を自由に動かして文章を構成していくため、鉛筆等の文具の扱いが苦手な児童も楽しんで試行錯誤する姿が見られた。

活用場面 1

休みの日にあった楽しかったことについて思い出し、書いていきましょう。

手書きや音声入力をしてもいいですよ。

活動：楽しかった出来事の中で起きたこと、自分がしたこと、思ったことなどを、単語や短文でデジタル付箋に次々に書いていく。

その際、教員は、何を書いてよいか困っている子どもに対して、書こうとしている出来事についての会話をしながら、その中の言葉を付箋に表すことができるように支援する。また、キーボード入力が苦手な場合は手書き入力や音声入力で書くことを勧める。

活用場面 2

起こった順番に付箋を並べ替えて日記にしていきましょう。

その付箋とその付箋の間はどんな言葉でつなぐといいかな？
書き換えた方がいい付箋はないかな？

活動①：付箋を時系列に並べる。**活動②**：付箋と付箋をつなぐための言葉や文を新たに付箋に書き、間に挟む。**活動③**：すでに書いた付箋の言葉を書き換えたり、使わない付箋を削除したりしながら文章を整える。

✔ 子どもの姿から見えたこと

　活用場面1では、小さなデジタル付箋に短い単語や文を打ち込んでいけるため、児童は比較的抵抗なく言語表現の作業をすることが可能になった。漢字を書くことが苦手な児童にとっても変換候補から正しい文字を選ぶことで漢字交じりの文を書くことができ、意欲的に活動をしようとする姿勢が見られ、自尊感情の高まりも感じられた。また、タイピングの苦手な児童も、音声や手書き入力を使って作業を進められ、学習活動に安心して参加しつつあった。

　活用場面2では、ジャムボードを使うと、付箋を画面上で自由に動かすことができるため、楽しみながら試行錯誤して作文する姿が見られた。書くことに困難さをもつ児童にとって、書く作業そのものに加え、書き直す作業はとても大変な活動となる。しかしながら、ICTを活用すると、筆記具を使ってならば3文程度の日記となる子どもが、楽しかった事柄について詳しく伝えようとするため、これまでよりも多くの内容を書こうと意欲的に取り組んでいた。その結果、文章量が増加し、文章表現も豊かになった。

　ICT機器を利用することで、書くことへの苦手意識を軽減でき意欲的に長い文章を書けたという経験は、児童にとって文章を書くことへの自信につながったと思われる。また、児童が自身の困っていることに対して手立てを見つけ、解決していこうとする前向きな考え方を身に付けるよい機会にもなった。

🔁 子どもの学び

活用場面1

いつのこと？

どこで食べたの？

思いついたことをどんどん書いていいよ。

きのう

家で

味はトマトチーズコーンで…

僕が注文の電話をしたんだ！

途中間違えてお母さんに代わってもらって…

● **活用場面1の教師の見取りより**

音声入力したらすごく速く書ける。漢字も入った。先生、どっちの漢字を使えばいいの？
思い出して書いたら付箋が増えていくのが面白い。まだ書くことないかな。思い出したい！

活用場面2

パズルみたいで並べやすい。
もっと付箋、増やしたくなった。
（入れ替えながら）この順番の方がいいと思う。

この2枚はまとめた方がいいと思う。
言葉、付け足したほうがいいな。（緑の付箋）

● **活用場面2の教師の見取りより**

もっと思い出してたくさん書きたくなった。順番に並べるの面白い。
並び替えが簡単だからこれなら作文しやすい。いつもより長く書けそう（長い文章が書けそう）。

（教諭　菅由美子）

自己紹介をしてみよう
―自分の思いを表現する―

■ 教材と単元のねらい

教　　　材：自作教材　「自己紹介をしてみよう」
単元のねらい：自己理解を深め、思いを話したり文章で表現することができる。

■ 単元の流れ

① Jamboard にて自分について考える活動を繰り返し行うことで、思いを言葉にしようとする気持ちを高める。**→活用場面 1**
② 自分の思いを Jamboard で確認し、自己紹介文をドキュメントにて作成する。**→活用場面 2**

〰 思考を深める ICT の活用場面

ICT の何を、
どのように使うのか

▶▶

Jamboard・ドキュメントを使って
・自己紹介の材料を多面的に考える。
・材料を整理し、他者に伝わりやすい文章を書く。

子どもの変容
（教師の見取りより）

▶▶

教師と同時編集をすることで、様々な角度からの視点に気付き、自分について深く考えることができた。

言葉にすると忘れてしまうことが多いが、Jamboard に記録することで、後から客観的に自分の思いを確認することができた。

活用場面 1

生徒の実態：何事にもまじめで一生懸命取り組むことができるが、自分の思いを周囲に伝えることが苦手であり、教職員との会話の中では「はい」「いいえ」で答えるクローズドクエスチョンで対応することが多い。学習活動や集団活動においては、他者からの言葉がけがなければ自分の思いを周囲に示すことがなかなかできない。一方で、タブレットであれば自分の好きなことを伝えることができる。
学習のねらい：自己理解を深める。
活動：Jamboard のデジタル付箋に自分の長所や短所、興味があるもの、苦手なものなどを思いつく限り記入していく。教師も同時編集をし、他者から見る自分の個性に気付き、自分はどんな人かを考えるきっかけを作る。また、記入したものに対してやりとりをすることで、「なぜそれを書いたのか」とより深く考えられるよう支援する。この活動は、毎授業15分程度、自己理解を深める活動として行っている。

活用場面 2

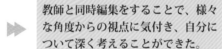

生徒の実態：会話で自分の思いを伝えると、自分が何を言ったのか覚えていない場合が多く、場当たり的な会話になることが多い。
学習のねらい：自分の考えを客観的に確認し、自己紹介文の形で表現する。
活動①：たくさんの考えの中でどれを紹介文に使うかを、付箋を移動させて思考を整理する。**活動②：**整理した付箋を並び替えたり、自分の思いが他者に伝わりやすい文章を考える。**活動③：**自分について考えた Jamboard を確認して、自己紹介文を作成する。その際、作文が苦手な生徒もいるので、教員は簡条書きなども提示し、伝えることを第一に考えて作成するように促す。

✔ 子どもの姿から見えたこと

　活用場面1では、自己理解が進んでいないことや以前に発言したことを忘れることがあるため、自分の思いを表現することが難しい生徒が、Jamboardの同時編集ができる、直感的に思考をまとめることができる、画面上で思考を整理・分析できる機能を活かし、思いを言葉に表すことが可能になった。また、自分の思いを視覚的に捉えられると、それに関する思いが次々と湧いてきたようで意欲的に取り組みつつあった。

　活用場面2では、Jamboardで以前に発言したことを確認できたので、思考の整理がスムーズにできた。作文を書くことに苦手意識がある生徒だが、材料が事前にあることで自信を持ち、伝わりやすい言葉を選びながら書こうと主体的に取り組む姿がうかがえた。また、完成した文章を嬉しそうに眺め、達成感を感じたようであった。

　通級指導教室では、読む・書く・計算する・記憶する・見通しを立てる・自己理解をする・感情をコントロールする・思いを伝えることなどに困難さを持っている生徒が多くいる。今回は書くことよりも気軽にできるJamboardの利便さを活かし、自分の思いを表現していったが、他のことでもICT機器への読み替えを促し自分の特性に合った手段を選んでいくことで、学習上又は生活上の困難を改善・克服する力の向上が見込まれると思われる。

　また、ICTを使い困難なことを克服することで、生徒は自己肯定感を高め、ほかのことにも挑戦しようとする意欲を養いつつあったと考えられる。

🔄 子どもの学び

活用場面1

自分の好きなことなどをたくさん
書いてみましょう。

先生も自分の好きなことを書いていくね。

（教師が書くものをしばらく見て書き始める）

本や新聞でどんな内容が気になりましたか

新聞にお城のコラムが載っていて毎日集めていました

● **活用場面1の子どもの振り返りより**

自分の好きなものがたくさん見つかって嬉しかったです。先生と作っていったので、思いつかなかったこともいろいろと書くことができたと思います。

活用場面2

いくつかの種類に分けていって、何を自己紹介文に使うか整理していきましょう。

Jamboardを見て、自己紹介文を書きましょう。
書きにくければ、まず箇条書きから始めてもいいですよ。
友だちや先生に伝わりやすい文になることを心がけましょう。

整理したら、違うことも書いてみたくなりました。

自分のことが見やすく分かるので、書きやすいです。

● **活用場面2の子どもの振り返りより**

長所や短所を書くことができたので、それを基に自己紹介文を完成させることができました。他のことも思いつくことができて少し驚きました。自分で長い文章を書くことができて嬉しかったです。材料がたくさんあれば作文ができることが分かりました。

（教諭　足立可奈）

4年 国語　ブックトーク「新美南吉の世界」
—サイトを活用したブックトークで新美南吉の世界を知る—

■ 教材と単元のねらい

教　　　　材：ごんぎつね（光村図書出版 4 年）
単元のねらい：ブックトークの技法を理解できるようにする。
　　　　　　　ブックトークを通して新美南吉の作品世界を味わうことができるようにする。

■ 単元の流れ

① 学校司書によるブックトークを聞く。→**活用場面 1**
② 物語の内容や登場人物について自分の考えをまとめ、友だちと交流して考えを深める。→**活用場面 2**
③ 新美南吉をテーマに子どもたちでブックトークを実践する。→**活用場面 2**

思考を深める ICT の活用場面

ICT の何を、
どのように使うのか
▶ サイトを使って
ブックトーク資料を作ることにより、いつでも資料を閲覧することができ、新美南吉作品への興味を喚起することができる。

子どもの変容
（子どもの振り返りより）
▶
新美南吉は短い人生の中で最後まで本を書き続けてすごいなと思いました。私はお母さんと子どもがどちらも思いやっている「狐」という話が好きです。
中国語に訳された「ごんぎつね」も読んでみたいです。

感動する話や興味深い話があるので、絵本や青空文庫で色々な作品を読みたくなりました。
ブックトークでは作者のことも知ることができ、興味がわきました。新美南吉の子どもの頃のエピソードをもっと知りたいのでサイトで調べたいです。

活用場面 1

学習のねらい：学校司書が新美南吉をテーマにしたブックトークの実践を行う。その際、新美南吉の本を用いた作品紹介と、新美南吉記念館のホームページ等を用いた作者や作風の紹介を交え、アナログとデジタルの双方の利点を生かす。それらでは、新美南吉の生い立ちやエピソードが、登場人物の気持ちや情景を描く作風に影響していることを伝える。

「青空文庫」とは著作権フリーの作品が読めるインターネット上の図書館です。ここでは学校図書館にない本も読めます。新美南吉さんの作品を探す時はサイトの説明を参考にしてください。

ごんぎつねサイトは Classroom の国語フォルダに入れているので、家でおうちの人と一緒に見ることもできますよ。

活用場面 2

活動①：ブックトーク後、子どもたちが自由に本や情報と触れ合う時間を設ける。そうすると、子どもたちは「ごんぎつねものしり図鑑」（※ 1）で物語の舞台である中山の昔のくらしを調べたり、Chromebook で英訳音声を読み取り視聴するなど、個々に興味関心を持ったことを深めていた。その後、フォームに感想を入力し振り返る。

※ 1　半田市教育委員会 ICT サポートページ　https://www.handa-c.ed.jp/monoshiri/index.html

活動②：児童たち自身でブックトークを実践し、各自で動画を撮影する。学校司書は Classroom に提出された動画を視聴後、コメント機能を使い感想・助言を送る。学校司書は、科目の授業者ではないものの、動画共有により、時間や場所を問わずに子どもたちに助言をすることが可能となった。

（学校司書　稲留麻衣子）

国語科　ICT をフル活用！
オンライン遠隔授業実践
――「大造じいさんとガン」を読み深める――

1．概要

　コロナ禍において、ここ数年対面授業の代替としてオンライン授業がなされる機会が急増したが、その他にもオンライン授業の活用には幅広い可能性があると考えている。その一つの形として、授業者が教室で児童と授業を進めつつ、その様子をオンラインで中継することで、リアルタイムで他学級や他校の児童も共に関わり合いながら学ぶ方法を模索した。これまでにもインターネットで学級をつなぎ、学びの成果を発表し合ったり、交流したりすることを目的とした授業は数多くなされてきたが、本実践は ICT を最大限に活用しながら、読み深めたり読む力を高めたりするためのオンライン授業を複数学級に対して行うという試みである。

　本単元で扱った教材「大造じいさんとガン」では、猟師である大造じいさんと「残雪」と呼ばれるガンのリーダーとの智略をめぐる戦いの様子が、美しい情景描写とともに描かれている。計略失敗に悔しい思いをしながらも、残雪の賢さに感心し、さらには仲間を守ろうとする姿や頭領らしい姿を見て、大造じいさんの心情は変化していく。登場人物の行動や会話、情景描写などに着目することで、大造じいさんの変化やその理由を理解したり、物語のテーマ性を自分なりに捉えたりしながら読み深めることができる作品である。

　ICT 活用の形態として三つの学級を Meet でつなぎ、同期的に資料を共有したり、意見交流したりできるようにした。指導者は自分の学級から課題や資料を提示したり論点を述べたりし、児童は各教室からカメラを通して自分の考えを述べる。それを受けてまた別の教室から共感の意を示したり、反論を述べたりする。画面越しではあるが、児童は活発に意見交流を図りながら、登場人物の魅力や物語の展開の妙を味わうことができた。そして、単元を通して Meet での交流を継続的に行い、遠隔で授業する良さや課題点を見つめることで、深い学びにつながるオンライン授業の一つのあり方を見出すことができた。

〈実践時期〉
　2022 年 2 月
〈対象学級〉
　姫路市立豊富小中学校 5 年 1 組、5 年 2 組
　姫路市立野里小学校 5 年 1 組　　　　　　　　　　　　　計 3 学級
〈本実践で活用した ICT 機器〉
　・大型モニター、教師用端末複数台、児童用端末（Chromebook）

〈活用したアプリケーション〉

 Classroom　 スライド　 ドライブ　 Meet　 Jamboard　 フォーム

2．実践の流れ

（1）第1次　単元を概観する

◆感想の収集フォーム（図1）

> 1　この話で心に残ったこと、心を動かされたところ、気づいたことについて書きましょう。
>
> 回答を入力
>
> 2　これまでの1年間の国語（物語文）の学習をふまえて、みんなと話し合いたいことについて書きましょう。
>
> 回答を入力
>
> 3　作者・椋鳩十さんの書き方についてどう思いますか？考えを書きましょう。
>
> 回答を入力
>
> 送信　　　　　　　　　　　フォームをクリア

◆学習課題（図2）

> 1　3年間のうち、最も大造じいさんが残雪との戦いに燃えていたのは何年目？
> 2　大造じいさんは残雪のことをどう思っているのだろう？
> 3　どうして大造じいさんは残雪をうたなかったのだろう？
> 4　後話場面は必要？

まずは各学級で単元目標を共通理解したり、登場人物・場面の様子を簡単に整理したりした。単元の始めに話の大体の流れを確認することで簡単な誤読を修正し、読み深める前段階の土台を固めることができる。特にこの作品においては当時の時代背景や猟師という仕事、大造じいさんのしかけの意図が伝わりにくい部分があるため、丁寧に補助説明を加えた。

読みの土台が整った後、初発の感想を3学級からフォームで集めた（図1）。フォームの中には感想を書くだけでなく「みんなと話し合いたいこと」も入れており、感想の内容や話し合い内容を集約し、単元の学習課題を設定した（図2）。

さらにMeetで各学級をつなぎ、これから共に解決していく課題を共有した。収集した意見がどのように各課題につながったのかを簡単に説明し、課題への理解と解決への意欲を高めた。合わせて各学級の紹介を簡単に行うことで、顔合わせの機会にもなった。

（2）第2次　単元の展開

まずは、児童が四つの課題に対してそれぞれの考えをノートにまとめるようにした。自分の考えをもってから話し合いに臨むというのは基本的なことであるが、考えの方向性や立場をはっきりさせた状態で授業に参加することで、読みの広がりや深まりを実感することができる。特にこのオンライン授業においては、対面授業よりも発言の機会がどうしても少なくなってしまうため、自己内で課題に対してある程度視点が焦点化された状態で参加できるのが望ましい。

①課題1「3年間のうち、最も大造じいさんが残雪との戦いに燃えていたのは何年目？」

この学習では、行動描写や会話文・心内語の他に、登場人物の心情が表れる景色を描いた文があることに児童が気付き、情景描写とはどういうものかを理解することをねらいとした。

児童からは事前にフォームで課題に対する考えとその根拠の文を収集してから、課題1の授業に入った。その結果、大造じいさんが最も戦いに燃えていたのは3年目だという回答が多かった。その

根拠として、多様な行動描写や心内語などがあがる中で、「東の空が、真っ赤に燃えて、朝が来ました。」の文に着目している児童が数人いた。

　そこで、この文のみが景色を表現する文であることに気付けるよう働きかけ、その上で、なぜここに大造じいさんの熱い気持ちが表れていると考えている人がいるのかを児童らに投げかけた。そうすると、「真っ赤に輝きながら昇る太陽に、大造じいさんのガンをとるぞというやる気が表れている」などの児童の発言によって、この一文が持つ意味に他の児童も気付くことができた。次に、登場人物の心情が表れている景色の様子を「情景描写」と呼ぶことを押さえ、１年目について書いた文章中にもあることを伝えた。児童はすぐに「秋の日が美しくかがやいていました。」の文を見つけ出し、さらに２年目にある情景描写も自ら見つけることができた。これは、一つの場面で得た情景描写に対する知識が活用され、概念的な理解が進んだ瞬間であった。このように、予め児童の考えとその根拠をフォームで収集し、**図3**のような形で整理して提示したことによって、児童は他の文と比較しながら情景描写の特性を自ら見出し、理解することができた。最後に、各場面における情景描写の配置の共通点やその効果を押さえ、振り返りをフォームで収集した。

三場面を選んだ根拠の文（図3）

「うまくいくぞ。」

「さあ、いよいよ戦闘開始だ。」

「さあ、今日こそ、あの残雪めに、ひとあわふかせてやるぞ。」

大造じいさんのむねは、わくわくしてきました。しばらく目をぶって、心の落ち着くのを待ちました。

そして、冷え冷えするじゅう身をぎゅっとにぎりしめました。

東の空が真っ赤に燃えて、朝が来ました。

☆課題１の振り返りより

> 今日はじめて、情景描写という言葉を知りました。そして情景描写とは登場人物の心情が風景としてのっているということが分かりました。なので違う物語などでも、情景描写を見つけて登場人物の心情を深く読み取りたいと思いました。

②課題２「大造じいさんは残雪のことをどう思っているのだろう？」

　課題２に対する考えを事前にフォームで収集し、整理して提示した。具体的には、児童から収集した大造じいさんの残雪に対する気持ちを**図4**のように並べて提示し、そこに相反する言葉が並んでいることに気付けるようにした。そして、その理由について児童が考え、話し合うことで大造じいさんの残雪に対する見方の変容に迫れるように授業をデザインした。

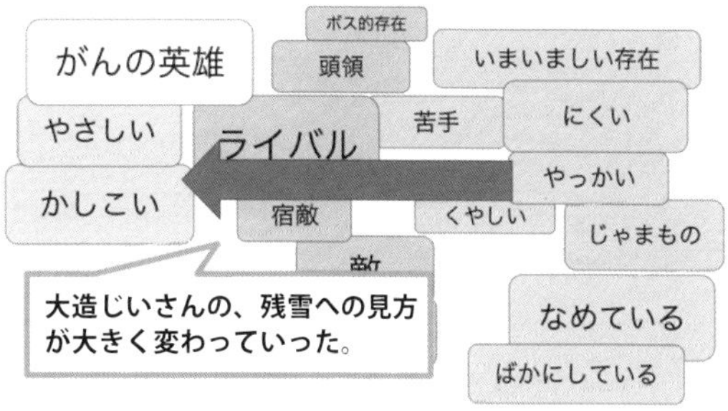

　まず、残雪に対する憎しみや、少し見下すような気持ち、その一方でかしこい鳥、英雄として見ていることなど、教科書の言葉をもとにそれぞれの学級の児童がMeetを通して意見を出し合った。次に、**図5**をきっかけに、過去に学習した物

（図4）

（図5）

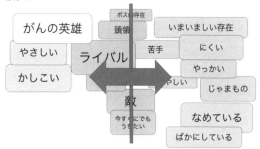

大造じいさんの、残雪への見方が大きく変わっていった。

語文教材での中心人物の心情の変容を例に出しながら、大造じいさんの残雪に対する見方の変容について述べる意見を出し合った。そこでは、ある児童の意見についてさらに他の児童が意見を重ねることで、残雪に対する見方が変わっていったことに納得していく児童たちの様子が見られた。そして、５年生で学習した三つの物語文を比較し、物語文では中心人物の対象に対する見方・考え方が変化することを再確認した。課題１同様、他との比較を通して共通点を見出しながら構造的に読むことで深い理解につながる。児童の中には、「６年生で物語文を読む時には……」と、学びを今後に生かそうとする姿や、自主学習として他の物語で中心人物の変容を捉えようとする姿が見られた。

☆課題２の振り返りより

> みんなの意見を聞くと、同じ意見でもどこからそういう意見になったのかが違っていたのでみんなの意見を聞いて自分では考えられなかったところがわかりました。これまでの物語文は、主人公の気持ちが変わっていたので物語文はほとんど主人公の気持ちが変わるものなのだと思いました。

> 交流することで、違う発想が出てきたので、そこが面白いと思いました。気付いたことは今まで学習してきた国語の物語全部が、最初と最後で、全然気持ちがちがうことです。

③課題３　「どうして大造じいさんは残雪をうたなかったのだろう？」

　課題３に対しても事前に課題に対する考えをフォームで収集した。児童の考えをテキストマイニング（AI文字分析ツール）※にかけ、その特徴を探った。学校毎に分析した結果、豊富小中学校の児童の考え（図６）には頻度や関連度の中心に「助ける」という言葉がきている一方で、野里小学校の児童の考え（図７）には「卑怯」という言葉が考えの中心にあったことが分かった。本時はそこを皮切りに授業を展開していった。※ https://textmining.userlocal.jp/

豊富小中学校５年生（図６）

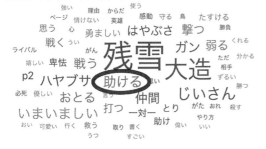

野里小学校５年生（図７）

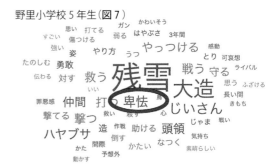

　このテキストマイニングの結果を示す**図６・７**を児童に提示し、まずは残雪を撃たなかった理由として「助ける」ことに関連する意見を持った豊富小中学校の児童の意見を聞き、次に野里小学校の児童を中心に、「卑怯」だとする意見を聞きながら、順に考えを整理した。前者では、残雪の仲間を助けようとする姿に大造じいさんが心をうたれたから残雪を撃つのを止めたのではないかというのが主な意見であった。後者では、仲間を助けようとする残雪を撃つというのは卑怯で、そんな卑怯なやり方で残雪を仕留めたくないと思ったからではないか、というのが主な理由として挙がった。その後、大造じいさんの見方が「たかが鳥」から「ガンの英雄」にまで変わった要因についての問いかけ

を行い、残雪の堂々とした態度に「ただの鳥に対しているように思えない」大造じいさんの心の大きな動きを捉えられるようにした。大造じいさんが残雪に抱いた感情は尊敬の念に似たものだと話す児童もいた。

　最後に、残雪を撃たなかった大造じいさんについてどう思うかをたずね、物語を客観的に捉えられるようにした。各学級数名ずつのグループごとにJamboardを共有し、意見交流を図った。自分ならば……と大造じいさんの行動を自分と比べながら考える意見がたくさん交わされていた。一歩引いて物語を眺めたことで、登場人物の言動や心情がより際立ち、読みの深まりにつながった。

（図8）

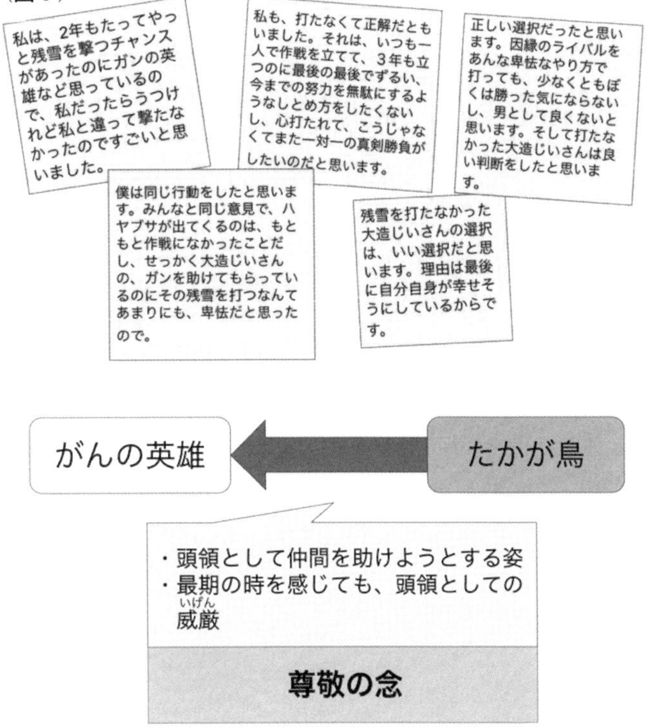

私は、2年もたってやっと残雪を撃つチャンスがあったのにガンの英雄など思っているので、私だったらうつけれど私と違って撃たなかったのですごいと思いました。

私も、打たなくて正解だとも思います。それは、いつも一人で作戦を立てて、3年も立つのに最後の最後でずるい、今までの努力を無駄にするようなしとめ方をしたくないし、心打たれて、こうじゃなくてまた一対一の真剣勝負がしたいのだと思います。

正しい選択だったと思います。因縁のライバルをあんな卑怯なやり方で打っても、少なくともぼくは勝った気にならないし、男として良くないと思います。そして打たなかった大造じいさんは良い判断をしたと思います。

僕は同じ行動をしたと思います。みんなと同じ意見で、ハヤブサが出てくるのは、もともと作戦になかったことだし、せっかく大造じいさんの、ガンを助けてもらっているのにその残雪を打つなんてあまりにも、卑怯だと思ったので。

残雪を打たなかった大造じいさんの選択は、いい選択だと思います。理由は最後に自分自身が幸せそうにしているからです。

がんの英雄 ← たかが鳥

・頭領として仲間を助けようとする姿
・最期の時を感じても、頭領としての威厳（いげん）

尊敬の念

☆課題3の振り返りより

今日の学習では、意見がとても変わったし「助ける」や「卑怯」という意見も納得いきました。そこから新たな疑問や考えが出てきたのでそこがとてもいいなと思いました。次の学習でも疑問や考えをたくさんだして考えを深めていきたいです。

文を詳しく考えていくと、物語のことがどんどん深くなっていくと思いました。プラスで野里の人たちともやるから、読み方次第でいろんな考え方ができるとわかりました。次の「後話場面はいるのか」でも意見の共有が楽しみです。

今日、野里小学校と授業をして自分の考えだけでは他の見方に気付かないのでみんなと意見を共有したほうがよく学べるということがわかりました。そして、大造じいさんとガンでは一つ一つの年ごとに情景描写があるということに気付きました。この作者さんはこのような情景描写、心情描写、行動描写などを考えてこの「大造じいさんとガン」という物語を作ったんだなと知りました。やっぱりみんなと意見や情報を共有することは大切だなと思いました。

④課題4「後話場面は必要？」

　前時に続き、物語を俯瞰して捉えられるよう本課題を設定した。事前のアンケートではほとんどの児童が必要であると回答していたため、議論の中心を「後話場面が必要である理由」に据えた。正々堂々と戦う大切さを強調するためであるという意見が重ねられ、物語のテーマ性に迫ることができた。また、残雪を見送る大造じいさんの後話場面があるから次の年の戦いを想像することができるという意見も多かった。特にこの後話場面に関する話し合いでは、Meetを介した議論に慣れてきたこともあって多数の意見が出され、大きな盛り上がりを見せた。

ぼくは最後の場面は必要だと思います。理由はガンと大造じいさんの深い関係を気付かせる大事な場面だと思ったからです。3場面で終わったとしたら、大造じいさんとガンの誇りあるライバルというのは分かりません。作者は大造じいさんと残雪の深い関係を伝えたかったんじゃないかと思います。

☆課題4の振り返りより

今回の授業で学んだことは、少し読む目線が違うだけで後話場面が必要とか必要ではないという意見が出てきたり、意見は同じでも理由が違ったりして、みんなと話し合うとどんどんと自分の意見が広がっていってすごいなと思いました。

最初は、最後の場面は大造じいさんが残雪のことを英雄だと思っていることを確かにするためだけだと思っていたけど、今回話し合ったら、堂々と戦いたい気持ちが強調されているという意見が出てきて、その意見も納得しました。その他にも、「もっと先を想像しやすくするため」という理由も納得しました。

（3）単元を振り返る

　最後に単元を総括して学びを振り返った。そこでは、本単元で学んだことや、複数学級で話し合う良さについて記述する児童が多かった。

今回野里小学校とのコラボ授業で、全体的に物語文の中心人物の心情の変わり方を見つけることが心に残りました。情景描写や心情描写などの心情の変わる点を見つけるところがこれからも役に立ちそうです。これまでたくさん物語文を学習していたけれど、違う学校の人たちの意見を共有できたり、意見に質問反論を入れたりするのがとても楽しかったです。これからは今回学んだことを意識して学習に取り組んでいきたいです。

やっぱり他の多くの人と考えを共有すると、自分の考えが深まるのでいいと思いました。全部が全部変わったわけではないけれど、考えに対する理由などが変わりました。また、自分では気付かなかったところも分かっていいなと思いました。そして今回新たなこと「情景描写」を習ったので、これからは周りの景色が書いている文にも着目して学習したいなと思いました。

今回の学習では、色んな意見が共有されて、自分では考えてもいなかった理由がバンバン出てきて、自分の理由や意見がコロコロ変わっていきました。またこのような機会があれば色んな意見を共有しあい、本物を見つけたいです。

3．今後の展望

　今回、複数学級に対するオンライン授業のあり方を考え実践していく中で、その可能性の大きさを知ることができた。小学校においても高学年を中心に教科担任制が広がりつつあるが、本実践のように教師一人が複数教室をつないで授業を行うことで、教師の専門性を発揮した授業を、学校を越えて展開することができる。複数のクラスの授業を一斉に行うことができるため、同一の授業を何度も行う必要もなくなり、教師の負担軽減にもつながるだろう。ただ、全てをオンラインで同期的に行うと、個々へのサポートが難しい場面が出てくる。そこで、今回は感想を書く時間や個人思考する時間など、個別の活動時間は全て各学級でとり、学級の担任が個別に支援するようにした。目的に応じて、学級での個別指導とオンラインによる一斉授業を使い分けることが大きなポイントである。ICT活用によってこのような柔軟な学習形態も可能となる。

　また、ICTツールを利活用することで集団として読みの深まりが見られた。フォームで事前に考えを収集し、スライドを使いながら全体の傾向や議論のポイントを示すことで、遠隔であってもアクティブな議論が生まれた。意見の集約や整理、内容の構造の可視化等が容易にできる点はICT活用の大きなメリットである。事後に児童にとったアンケートでは、「授業の内容はよくわかりましたか。」という質問に対して93.5%の児童が肯定的な回答をしており、本実践における学習形態や手段に一定の成果があったのではないかと考えている。さらに、参加した児童の97%が、オンラインで他学級や他校と取り組む授業が楽しかったと回答した。たくさんの仲間と関わり合いながら学ぶことが、児童の学習意欲の向上につながることや多様な見方・考え方に触れる機会になることを改めて実感することができた。

　一方で、課題も見えてきた。とりわけインターネットの接続環境に左右される点はまず念頭に置いておかなくてはいけない。接続がうまくいかず、授業が滞る場面があった。特に単元の前半はスムーズに行かないことが多かったが、インターネットに接続する台数を減らしたり、活動内容に応じて同期・非同期を使い分けたりするなど、負荷を下げながら進める方法について検討し、少しずつ改善していった。また、100名以上の児童が授業に参加しているため、個人が発言できる機会が限られ、伝えたい考えがあっても発言のチャンスを得られない児童もいた。小グループや学級内で話し合う時間と複数学級で話し合う時間を分けるなど、一人ひとりの児童が授業の中で自分の考えをアウトプットし合えるような工夫も必要である。

　以上、本実践を通して課題を理解しながらも、オンライン授業への期待をさらに高めることができた。最後に、今回の実践を終えて特に実感したのは各学級の担任の連携の重要性である。事前にねらいや内容、方法等を共有していたため、学級内で困っている児童を適切にフォローすることができ、さらに、問題が起こった時に知恵を出し合うことで改善しながら進めることができた。今回得た知見を基に、目的に応じた同期的・非同期的な学びのあり方や教師の連携に主眼を置きながら、今後もさらなる効果的なオンライン授業のあり方を探っていきたい。

授業の内容はよくわかりましたか。

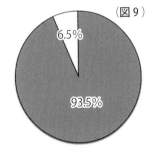

（図9）

6.5%

93.5%

■わかった　□わからなかった

（教諭　前野翔大）

第2章 学校図書館と一人一台端末

　姫路市立豊富小中学校は、2020年4月に既存の中学校と小学校が統合し、校舎一体型の義務教育学校としてスタートした。学校図書館には、学校司書が配置されている。また、9年間を通じたカリキュラムでは、学校図書館とNIE（Newspaper In Education：教育に新聞を）を重視し、図書館や新聞を活用することにより、課題対応能力の向上をめざそうという目標のもと、日々の教育活動を行っている。

　以下では、前期課程1年生から後期課程9年生まで開校から3年間の活動をもとに、GIGAスクール構想と学校図書館での授業や、ICTを活用した活動の様子を紹介したい。

　前期課程の学校図書館は、広さ約112m²、45席であり、調べ学習に特化した書籍を収蔵する調べ学習ルームと、普通の閲覧台や書架が並ぶ部屋を有する。後期課程は広さ約125m²、40席であり、SDGsコーナーや、季節や各学年の取組に応じて様々な展示を行うコーナーを有する。どちらの図書館にもWi-Fi環境が整備され、児童生徒がそれぞれ与えられた自分の端末を持ち込み、調べ学習をはじめとする様々な活動に活用することができる。

　特筆すべきは、学校司書にも姫路市からアカウントが付与され、教員や生徒の活動と同じ目線で児童生徒のレファレンスや読書推進活動に関わることができるということだ。これによって、学校司書が授業支援の場で大きく活躍することができるようになった。

1．読書センターとICT

（1）今日の一冊、なんだろう？

　2019年度末から2020年の年度当初にかけ、全国一斉臨時休業措置がとられ、学校図書館もその機能を停止せざるを得なくなった。そんな中、学校と家庭をつなごうという目的のもと、1日一冊ずつ学校司書や教員が「今日の一冊」を紹介するという企画が始まった。読書を通じて家庭や児童生徒とつながろうという試みであったが、ICTと学校図書館とのつながりが始まった瞬間であったと思う。同時双方向という形ではなかったが、インターネットを介して各家庭、ひいては児童生徒一人ひとりにつながっていこうという試みの一端でもあった。学校再開後も1年間続いたが、その発信力は強く、「〇〇先生が選んだ本はどれですか？」とか「今日の一冊で紹介された本が読みたい」といった児童生徒が多くみられ、学校ホームページをチェックしている家庭の多さがよくわかり、ホームページから読書推進を呼びかける好事例になったと言える。

（2）手元は大画面で

　低学年からの図書館利用で、大きな割合を占めるのは読み聞かせでの利用ではないだろうか。図書館のキャパシティやコロナ禍等昨今の社会情勢によって円滑な利用ができず、歯がゆい思いをされた先生方も多いだろう。実際、本校の図書館でも低学年での読書活動において、本との出会いを演出しにくい状況が続いたこの数年間は非常に歯がゆい思いをした。学校司書や担当教員、担任と話し合い

を重ね、電子黒板と書画カメラ、リモート会議アプリケーションを活用し、ICT 機器の登場と相成った。ここではただ単に司書が絵本を読む姿をカメラで捉え、電子黒板に映し出すのではなく、司書が意図したページや場面を書画カメラで捉え、図書館から読み聞かせの中継を行い、図書館では教室の様子を手元のタブレット端末で確認しながら双方向のやり取りを行った。教室では児童が各々自らの座席で読み聞かせを聴き、それぞれの間隔を保ったまま、一つの空間で読書体験を得られるというものだった。

　ここで収穫だったのが、書画カメラを活用することで、読み聞かせを行っている絵本の精緻な絵や写真を大きく映し出すことが可能になり、児童がその本の世界により没入することができるようになったことだ。また、普通サイズの絵本でも大きな画面で表示することができるので、司書の手元が見えない児童や、自分以外の児童が気になってしまうような児童も、本の世界へとこれまでよりのめり込んでいる様子であった。無論、中継は一方通行ではなく、司書のいる図書室と教室がつながっているため、児童の「気付き」や「思い」などの反応を司書や絵本の読み手が拾い上げることができた。このように、画面を通じての読書体験において、聞き手と読み手とのやり取りが可能になった。この手法はコロナ禍における緊急避難的な ICT の活用かと思われたが、現在もなお、学齢や学級の状況に応じて学校司書が行う読書支援にて活用されている。

（3）読書推進活動を生徒から

　ここでは後期課程での活用場面を紹介したい。基本的に生徒たちから構成される図書委員会は校内の読書推進活動の中核として活躍し、一人一台端末が整備される以前から活発に活動してきた。図書館での様々な企画や、催しなどを行い、積極的に教室と学校図書館をつなぐ役割を担っている。そんな図書委員会は月一回ある委員会の中で、非常に濃密で内容の濃い、時間のかかる活動を行っていた。たとえば、教室に貸し出される図書10冊を選んだり、生徒会目標の確認と活動目標について議論をしたり、企画や催し物について話し合ったりしていた。放課後のわずかな時間を活用して行われているこれらの活動は、最終下校時刻を守らなければならなかったり、ほかの行事や取組などを抱えたりするような生徒たちには大きな負担だった。活動内容の精選を行ったとしても、日常の生活に大きな支障をきたしていた。正直なところ、彼らが行う活動を大人がこなすのも難しいと感じるほどであった。

　しかし、一人一台端末が導入されると、生徒たちは自発的に端末を活用するようになり、時間にとらわれずクラウドでコメントを残したり、意見を集約したりするようになった。すると、必ずしも集まる必要がなくなり、生徒たちの「図書室に行って会議をしないといけない」というような時間的な負担は軽減されていった。いわば、委員会活動のフレックス化である。そうこうしているうちに、自由に時間を活用できるようになった生徒たちが様々な企画を立案し、担当教員や学校司書のもとへ持ち込んでくるようになった。そこで、図書委員会のネット上のコミュニティ（本校では Google Classroom）を作成し、図書委員会所属の生徒や教員がそれぞれ委員会活動に必要な議題や、選書のためのアンケートなどを共有するようにした。今では、図書委員会での会議の内容などは、委員会の集まりの遅くとも 3 日前にはホワイトボードアプリ（本校では Google Jambord）にて共有され、集まりの始まる前にはほとんどの生徒が委員会の月間目標やその手立て、次の月に行うことを理解し、後は各クラスの意見交換を行うのみとなっている。

クラウド上にて生徒たちは会議を行い、いわばリモート委員会として活動し、図書館集合時には実際に自らが動かなければならない選書や、企画に向けての作業だけが行われるのだ。ICT機器が生徒たちにとって時間と空間を超越させる大きなツールとなったのである。

2．学習・情報センターとICT

ところで、ちょっと調べ物をしようという時、辞書を開かずにスマートフォンやブラウザの検索ボックスに調べたい言葉を入力するようなったのはいつごろからだろうか。少なくとも、ちょっとした調べ物や度忘れした漢字をその場しのぎで調べるために辞書や辞典を開くことは、授業以外ではほぼなくなってしまったのではないだろうか。実際、漢字の成り立ちを調べる授業を漢和辞典を活用して行った際、とある生徒がボソリと「そんなんググったらええやん」とつぶやいた。Google先生という言葉が市民権を得る中、スピードと効率を求めればICTにかなうものはないだろう。しかし、それが本当の学びにつながるのだろうか？　ここでは調べ学習の中でのICTの活用について紹介したい。

（1）ベースは書籍から

調べ学習において、一番大事にすべきことは何だろうか。情報の新しさだろうか。ピンポイントにディープな情報だろうか。おそらく、そのどちらもが重要だろう。ちょっとした調べ物程度なら、最初からGoogleでも構わないし、さしてその調べ方についてとやかく言う必要はないだろう。

ただし、本校では、調べ学習や探究学習を行う際に、最初からGoogleなどの検索エンジンだけでは行わないことを一番大事にしている。調べ学習に入る前にそれぞれが調べるテーマを決定したら、図書館の蔵書や、公共図書館の本をベースに調べ物を行うこととしている。公共図書館の本は、学校司書を通じて、市や県の公共図書館から団体貸し出しを受けているものである。その上で、各官公庁や各種団体、博物館や資料館などが提供しているデータはそのまま使ってもよいこととした。なぜなら、データは新しいほうが良いし、生の情報やホットな話題のほうがより「今」に即した学びになることは確かであるからだ。その際に、情報リテラシーの教育も行うようにしている。情報の真贋を見極める力がないと、発想はよくても、根拠にもとづかない調べ学習になってしまうからだ。

こういった場合、教員や学校司書が担うべき役割は、書籍の情報をリスト化したものを共有したり、信ぴょう性の高いサイトのリストを作成し、生徒に提示の上、クラウド上でレファレンスや指導を行うことだ。ある程度どのような組織や団体が信頼に足るのかが分かってくると、生徒たちはだんだんと検索方法にも工夫をこらすようになってくる。まだ「not」「or」「and」等の検索の演算子を活用している生徒は確認できてはいないが、「〜ではない」とか「〜の」といった言葉を使って検索し、自分の調べたいことをよりピンポイントに表示させる技術を身に付けた生徒もいる。また、自分が調べたい事象に関してただ単に単語を検索ウィンドウに打ち込んでいたのが、複数の単語であったり百科事典の索引から関連語句と共に検索をかけるようになった生徒もいた。クラウド上で調べ学習や探究活動を行えば、ログが残り、キャパシティーの限られた図書館を取り合わなくてもすみ、時間的・空間的制限を超えた学習が可能となる。

（2）映像も資料です

　ネットがもたらしてくれるものは文字情報だけではない。公共放送（NHK）や様々な資料館、博物館が提供してくれる映像や画像も重要な資料である。しかし、著作権の問題があり、発表資料にそのままそれらを貼り付けるわけにはいかない。児童生徒は日常生活では「スクリーンショット」という裏技を使うのだが、それは調べ学習の場面では禁止とした。そうすると、児童生徒たちは映像資料を一時停止し、表計算ソフトや描画ソフトを使って表示されているデータや表を作り始めたのである。もちろん、一次資料にたどり着ける場合は一次資料を参考にするように、そうでない場合は出典の明記は必ずさせ、データの出所をきちんと表記するよう伝えた。ICT 機器を自由に操る彼らは、やり方やルールを与えると、きちんとそれらに対応し、自分が一番やりやすい方法で自らの学びを進めていく。まさしく、自ら表現方法や記録方法を選択し、主体的な学びを深めていくのである。

　一人一台端末を、便利な外部につながる記憶装置としてしまうのではなく、知を共有するツールとして、自らの学びを深めるツールとして、自らの可能性を広げるツールとして活用していくことで、新しい学びが切り開かれるのではないだろうか。

（教諭　井上佳尚）

おわりに

　子どもがどうすればより学べるのか、子どもがどうすれば楽しく過ごせるのか、先生方が日々試行錯誤し、葛藤し、追究される姿を見て本書の企画を考えました。ICT は、教育に真摯に取り組む先生方を支援するための道具です。また、子どもの資質・能力を高める助けをするだけではなく、子ども自身が自分で学びを創り出すための道具でもあります。

　身近な例では、プリントの印刷・配布の時間が削減されると、先生の校務時間が減ると同時に、授業中の配布時間もなくなり、3分ほど思考の時間が増えます。3分と言うと短いように聞こえるかもしれませんが、思考するための時間が各授業で3分増えると、1日で15分ほどの増加となります。これが毎日積み重なると、時間的には大きく違ってきます。ただし、ICT はあくまで道具ですので、生み出された思考時間をどう使うのか、何をどう考えるのかで子どもの学びは変わってきます。もちろん、その思考の中でも ICT が活用されますが、大きくは先生の授業力にかかってきます。そのため、ICT の効果のみを取り出すことは難しくもありますが、ICT を使うと時間的にも学習活動の中でできることが増えます。

　機器が苦手だったり、そこに意味を見出せなかったりして使いにくい場合もあるかと思います。また、これまでは手書きが大切であり、ノートに書く作業を重視していたところから、子どもが ICT を使って作業をするようになると、どちらをどの程度行うべきなのかで悩まれる場合もあります。そのあたりの整理がついていない中での ICT 機器の投入でしたので、おそらく政策として示さなければならないところも多くあるように思います。

　ただ、ICT を使うと、書いたり消したりといった基本的な作業や、教師や仲間が作成した資料に追記・整理しやすくなるために、考えの拡散・焦点化・精緻化・関連付け・構造化を行いやすくなり、子どもが自分でできることを探し始めます。そうすると、こちらが想定していなかった知や価値を創造する学びに取り組み始めます。また、オンライン等を用いて多様な人々とつながりやすくなり、学校を超えた活動を展開し始めます。もちろん、知識習得やスキルの獲得もしやすくなります。子どもの動的で創造的な学びや、公正な民主主義社会の形成への参加を後押しするツールとして、社会で生きていくための基礎的な力の習得を支援するツールとして、ICT 活用が発展していくことを願っております。

　最後になりましたが、本書の執筆にご協力いただいた姫路市立豊富小中学校、姫路市教育委員会の方々にこの場を借りて厚くお礼申し上げます。また、国立教育政策研究所「高度情報技術の進展に応じた教育革新に関する研究」プロジェクトのみなさまには大変お世話になりました。さらに、日頃よりご助言、ご指導をいただいておりますみなさまに心より感謝申し上げます。さいごに本書の出版にご尽力いただいた晃洋書房の山本博子氏には多大なご支援とご配慮をたまわりました。深く感謝申し上げます。

　2023年3月

柏　木　智　子

《執筆者紹介》（＊は編著者）

＊柏木智子 [第Ⅰ部第1章、おわりに] 立命館大学産業社会学部 教授（奥付上参照）

清水優菜 [第Ⅰ部第2章] 国士舘大学文学部 講師

山下雅道 [第Ⅰ部第3章] 前・姫路市立豊富小中学校 校長
　　　　　　　　　　　　 現・姫路市立あかつき中学校 校長

足立可奈・井内友三男・井田健太郎・稲留麻衣子・井上幸史★・井上正祥・岩本健吾・遠藤修平・大江玲緒奈・大塚幸・小倉希・角元弥加・陰山豊寛・釜坂浩輝★・上村理恵子・川村かおり・岸田裕哉・北野ゆりあ・古寺和子・小林剛基・佐竹弘佑・定道渉・佐藤柾季・鹿間俊之・城谷敦子・新海貴文・菅由美子・関谷絢斗・宗野遊幸★・髙島竜太・竹川友美・糺雅仁・田中晶子・田中真奈・田村範子・坪田由樹子・寺脇直毅・夏井弘美・西涌真央・畑田千香・平原昌幸・本多伸圭・眞下桂子・松本奈月・松山真理・圓尾祐子・森本晃至・安村克之★・矢内至★・山本三世志・横山あや菜（五十音順）[第Ⅱ部、★は執筆協力者] 姫路市立豊富小中学校 教員（執筆当時）

前野翔大 [第Ⅱ部、第Ⅲ部第1章] 姫路市立豊富小中学校 教諭（執筆当時）

井上佳尚 [第Ⅱ部、第Ⅲ部第2章] 姫路市立豊富小中学校 教諭（執筆当時）

《編著者紹介》

かし　わ　ぎ　とも　こ
柏木智子

立命館大学産業社会学部教授。大阪大学大学院人間科学研究科博士後期
課程修了。博士（人間科学、大阪大学）。専門は、教育経営学。主な研
究テーマは、公正な民主主義社会の形成のためのケアする学校・地域づ
くり。文部科学省国立教育政策研究所の委員として ICT 活用の実態調査
にかかわる。主著に、『子どもの貧困と「ケアする学校」づくり――カ
リキュラム・学習環境・地域との連携から考える』（明石書店、2020
年）、『貧困・外国人世帯の子どもへの包括的支援――地域・学校・行政
の挑戦』（晃洋書房、2020年）。

子どもの思考を深める ICT 活用
──公立義務教育学校のネクストステージ──

2023 年 6 月 20 日　初版第 1 刷発行　　＊定価はカバーに
　　　　　　　　　　　　　　　　　　　表示してあります

編著者　　柏　木　智　子 ©
　　　　　姫路市立豊富小中学校
発行者　　萩　原　淳　平
印刷者　　藤　森　英　夫

発行所　株式会社　晃　洋　書　房

〒615-0026　京都市右京区西院北矢掛町 7 番地
電話　075(312)0788番(代)
振替口座　01040-6-32280

装丁　HON DESIGN（小守いつみ）印刷・製本　亜細亜印刷㈱
ISBN 978-4-7710-3761-8

柏木 智子・武井 哲郎 編著
貧困・外国人世帯の子どもへの包括的支援
──地域・学校・行政の挑戦──
A5判 186頁
定価2,860円(税込)

谷川 至孝・岩槻 知也 編著
子どもと家庭を包み込む地域づくり
──教育と福祉のホリスティックな支援──
A5判 188頁
定価2,860円(税込)

史 邁 著
協 働 モ デ ル
──制度的支援の「狭間」を埋める新たな支援戦略──
A5判 182頁
定価4,180円(税込)

日下部 元雄 著
若者の貧困を拡大する5つのリスク
──その原因と対応策──
A5判 252頁
定価4,180円(税込)

武井 哲郎・矢野良晃・橋本あかね 編著
不登校の子どもとフリースクール
──持続可能な居場所づくりのために──
A5判 156頁
定価2,200円(税込)

大津 尚志 著
校 則 を 考 え る
──歴史・現状・国際比較──
A5判 142頁
定価1,760円(税込)

小林 和雄 著
改訂版 真正の深い学びへの誘い
──「対話指導」と「振り返り指導」から始める授業づくり──
A5判 126頁
定価1,870円(税込)

宮田 美恵子・堀 清和 監修／石野 英司・宮﨑 充弘 編著
障がいのある子の安全教育と対策
──防災・防犯・交通安全・事故予防──
B5判 160頁
定価 2,200円(税込)

佐山 圭司 著
い じ め を 哲 学 す る
──教育現場への提言──
A5判 246頁
定価2,970円(税込)

鑓水 浩 著
道 徳 性 と 反 道 徳 性 の 教 育 論
A5判 196頁
定価2,420円(税込)

高松 平藏 著
ドイツの学校には なぜ「部活」がないのか
──非体育会系スポーツが生み出す文化、コミュニティ、そして豊かな時間──
四六判 194頁
定価1,980円(税込)

寺町 晋哉 著
〈教師の人生〉と向き合うジェンダー教育実践
四六判 214頁
定価2,750円(税込)

前田 麦穂 著
戦 後 日 本 の 教 員 採 用
──試験はなぜ始まり普及したのか──
A5判 192頁
定価 4,180円(税込)

大江 將貴 著
学 ぶ こ と を 選 ん だ 少 年 た ち
──非行からの離脱へたどる道のり──
四六判 170頁
定価 2,970円(税込)

百瀬 和夫 著
笑 育 ド リ ル
──"育てる"をもっと楽しく・おもしろく──
四六判 176頁
定価 1,980円(税込)

晃 洋 書 房